高齢者10000人が選んだ
うたいたい歌

童謡・唱歌・わらべうた・民謡・外国の歌

CD付き

大石亜由美【編著】

いかだ社

はじめに

童謡・唱歌・わらべうた・民謡は昔から日本人に親しまれてきた歌です。高齢者が好む歌には歌謡曲も多いですが、幼い頃から親しんできた昔ながらの歌はやはり外せません。「わかりやすく親しみやすい」「昔懐かしくうたいやすい」「自然と気持ちがこもる」「懐かしい人が思い出される」――そんな歌だからこそ音楽療法としても支持されています。

現在はいろいろな地域に高齢者のボランティアやサロンがあり、多世代交流が盛んです。「開催する側と参加者」「訪問する側とされる側」の間で、歌が社会活動を支えているのだと思います。

歌はコミュニケーションツールの大切な一つです。うたわない方は聴いていてください。音が嫌いな方は歌詞の言葉を読んでください。個性の違う人たちに対して、それぞれに合った音育《おといく》活動をしていただく工夫を、提供者は考えてほしいのです。「参加のしかた」「促し方」「継続のしかた」はみなさんのやり方しだいです。

本書に収められたどの曲にも選ばれた意味があります。その意味に支えられてこれらの歌は今後も語られうたい継がれていきます。この本の特徴は「高齢者の生の声」を聞いた結果が現れているという点です。多くの高齢者の皆さんに好きな歌を楽しんでほしい。その思いでできたシリーズ第2集を、ぜひ活用しお楽しみください。

この本の使い方

① 読みやすく大きな文字の歌詞

大きく読みやすい文字で、手間をかけることなくすぐに歌詞カードとして使えます。

②「動く」「つくる」の２つに分類

曲に合わせて体操や遊びができるような提案をしています。また、実践に際してのアドバイスや高齢者の介護ポイントも加えました。

③ 高齢者の声域に合わせた編曲

CD音源は通常よりスローテンポにし、音程も低めに設定しました。また、歌のイメージに合わせたアレンジにより、伴奏としても、観賞用あるいはBGMとしても温かみのある音に仕上がっており、太鼓や鈴の音などの効果音も有効に活用しています。

④ 別の曲でもアレンジ可能

10000人アンケートの中には本書に載せきれないほどの人気曲がまだまだあります。そこで別の曲もご紹介しています。

⑤ 楽曲解説について

曲が生まれた背景、作者にまつわるエピソードなど各曲に解説を付けました。高齢者との会話の際に参考にしてください。

⑥ 動作と介護ポイント

「人の動き」を36種類あげ、動きのアレンジを紹介。毎日の健康体操などにお役立てください。また、自分は体をどれくらい動かせるかのチェック表として使えるよう、36種類の動きをp77で一覧にしています。

目次

赤《あか》い靴《くつ》

作詞　野口雨情
作曲　本居長世

1
赤《あか》い靴《くつ》 はいてた
女《おんな》の子《こ》
異人《いじん》さんに つれられて
行《い》っちゃった

2
横浜《よこはま》の 埠頭《はとば》から
船《ふね》に乗《の》って
異人《いじん》さんに つれられて
行《い》っちゃった

3
今《いま》では 青《あお》い目《め》に
なっちゃって
異人《いじん》さんのお国《くに》に
いるんだろ

4
赤《あか》い靴《くつ》 見《み》るたび
考《かんが》える
異人《いじん》さんに逢《あ》うたび
考《かんが》える

赤い靴

物 つくる　3種のカードで替え歌①

♪ひと言コメント

モーツァルトの『きらきら星変奏曲』に似ていると言われています。聴き比べをしてみるといいですね。

動作

回る

●用意するもの●

画用紙　サインペン

●進め方●

① 最初にみんなでうたいましょう。
② 画用紙で3種類のカードをつくります。
　A　さまざまな色の単語カード
　B　参加者の名前カード
　C　スタッフの名前カード
③ ABCカードを自由に組み合わせて替え歌をうたいます。
④ 最後にもう一度みんなでうたいます。

活動のアドバイス

★ 指名された人がわかるように、たすきをかけたり、帽子をかぶったり、衣装を工夫してみましょう。

★ カードを箱に入れて、引いたカードでうたうのも楽しいです。

高齢者の介護ポイント

回る 動作をしてみましょう

☆立って回る　☆目を閉じて回る

☆片足でけんけんして回る

☆しゃがんで立ち上がって回る

楽曲解説

1922年（大正11年）に野口雨情の作詞、本居長世の作曲で発表された童謡。野口は「七つの子」「シャボン玉」」など、本居は「青い眼の人形」「十五夜お月さん」などを創作。長年親しまれている名曲中の名曲。1979年（昭和54年）に「赤い靴」をこよなく愛する神奈川県の「市民の会（「赤い靴」記念文化事業団）」が横浜の名所・山下公園に「赤い靴はいてた女の子の像」を寄贈している。

他の曲でもやってみよう

青い背広で／リンゴの唄／キンタロー／黒い花びら／黒ネコのタンゴ

春《はる》よ来《こ》い

作詞　相馬御風
作曲　弘田龍太郎

1

春《はる》よ来《こ》い　はやく来《こ》い
あるきはじめた　みいちゃんが
赤《あか》い鼻緒《はなお》の　ジョジョはいて
おんもへ出《で》たいと　待《ま》っている

2

春《はる》よ来《こ》い　はやく来《こ》い
おうちのまえの　桃《もも》の木《き》の
蕾《つぼみ》もみんな　ふくらんで
はよ咲《さ》きたいと　待《ま》っている

カラオケなし

春よ来い

3種のカードで替え歌②

物 つくる

♪ひと言コメント

子どもを通じて、春を待ちわびる様子が伝わってきますね。

動作

立つ

●用意するもの●

画用紙　サインペン

●進め方●

① 最初にみんなでうたいましょう。

② 画用紙で3種類のカードをつくります。

A　春夏秋冬すべてでうたえるように、それぞれの単語カード

B　人物の名前カード

C　「あるき」の単語の代わりになるような動作の単語カード

③ ABCカードを自由に組み合わせて替え歌をうたいます。

④ 最後にもう一度みんなでうたいます。

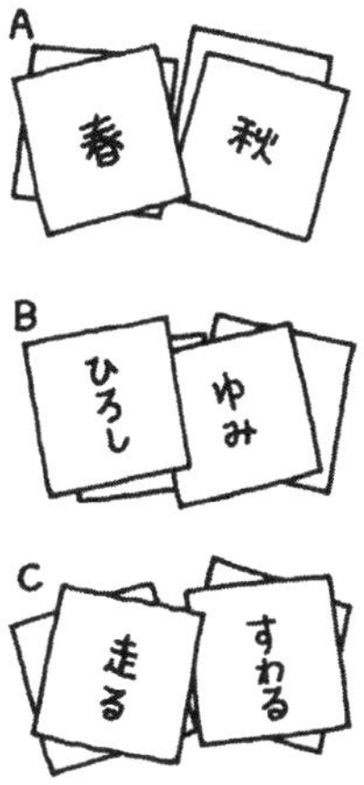

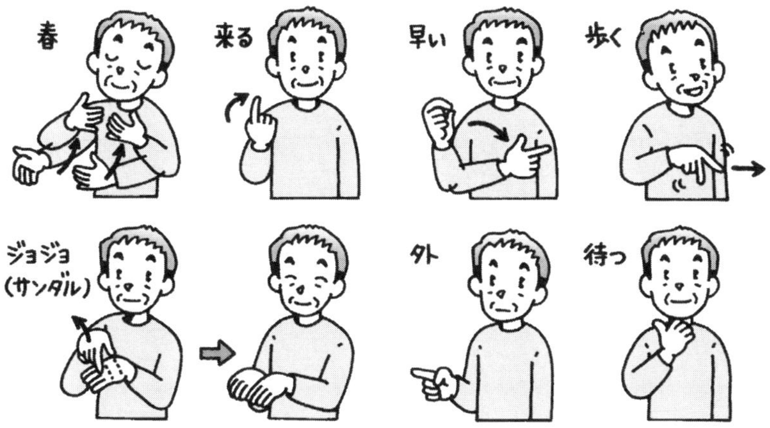

活動のアドバイス

★ お誕生日ソングに使ってみましょう。対象者の「誕生月」「名前」「特徴」を当てはめてうたうと盛り上がります。

★ 簡単な曲なので、ピアノ・ギター・ハーモニカ・笛などの楽器に参加してもらうと別の味わいが出ます。

高齢者の介護ポイント

立つ 動作をしてみましょう

☆普通に立つ　☆目を閉じて立つ

☆片足で立つ　☆ひざを曲げて立つ

楽曲解説

相馬御風の作詞、弘田龍太郎の作曲で発表された童謡。相馬は野口雨情、三木露風らと「早稲田詩社」を設立し、「カチューシャの唄」「かたつむり」「早稲田大学校歌（都の西北）」などを、弘田は東京音楽学校（現・東京藝術大学）に入学し、本居長世に師事後、「鯉のぼり」「浜千鳥」「叱られて」「靴が鳴る」などを創作。両氏ともに童謡のみならず名曲を残している。

他の曲でもやってみよう

あの子はたあれ／おーい中村君／君といつまでも／高原列車は行く／君の名は

ズンドコ節《ぶし》（海軍小唄《かいぐんこうた》）

作詞　不詳
作曲　不詳

1

汽車《きしゃ》の窓《まど》から 手《て》をにぎり
送《おく》ってくれた 人《ひと》よりも
ホームの陰《かげ》で 泣《な》いていた
可愛《かわい》いあの娘《こ》が 忘《わす》られぬ

トコ　ズンドコ　ズンドコ

2

花《はな》は桜木《さくらぎ》 人《ひと》は武士《ぶし》
語《かた》ってくれた 人《ひと》よりも
港《みなと》のすみで 泣《な》いていた
可愛《かわい》いあの娘《こ》が 目《め》に浮《うか》ぶ

トコ　ズンドコ　ズンドコ

3

元気《げんき》でいるかと 言《い》う便《たよ》り
送《おく》ってくれた 人《ひと》よりも
涙《なみだ》のにじむ 筆《ふで》のあと
いとしいあの娘《こ》が 忘《わす》られぬ

トコ　ズンドコ　ズンドコ

体 動く

ズンドコ節（海軍小唄）

うたいながら両手をクルクル

♪ひと言コメント

思いをこめて、心をこめて、大好きなあの人にうたってみましょう。

動作

跳ぶ

●進め方●

① 最初にみんなでうたいましょう。
② 1行目…手文字で表現します。
③ 2行目…手拍子をします。
④ 3行目…手文字で表現します。
⑤ 4行目…クルクル手を回して体も左右に動かします。
⑥ 最後にもう一度みんなでうたいます。

活動のアドバイス

★ 男女が向き合って座って活動すると、より楽しくなりそうですね。

★ 隣同士、向かい同士、パートナーを替えて1行ずつ移動しあうと運動になります。

高齢者の介護ポイント

跳ぶ 動作をしてみましょう

☆ A から B の場所へ跳ぶ

☆前へ跳ぶ　　☆横へ跳ぶ

☆後ろへ跳ぶ

楽曲解説

「ズンドコ節」は伝承された日本歌謡曲のひとつ。もともとは「海軍小唄」と呼ばれていたものが原曲とされている。諸説あり、実際は作詞・作曲が不詳で、ゆえに長年に渡り数々の歌手や作詞家・作曲編曲家の手によってうたい継がれている。戦後まもなく田端義夫の「ズンドコ節（街の伊達男）」の大ヒットによって「ズンドコ節」の曲名で幅広く親しまれるようになった。

他の曲でもやってみよう

月がとっても青いから／銭形平次／東京のバスガール／スーダラ節／人生いろいろ

ゴンドラの唄《うた》

作詞　吉井勇
作曲　中山晋平

1

いのち短《みじか》し　恋《こい》せよ少女《おとめ》
朱《あか》き唇《くちびる》　褪《あ》せぬ間《ま》に
熱《あつ》き血液《ちしお》の　冷《ひ》えぬ間《ま》に
明日《あす》の月日《つきひ》の　ないものを

2

いのち短《みじか》し　恋《こい》せよ少女《おとめ》
いざ手《て》を取《と》りて　彼《か》の舟《ふね》に
いざ燃《も》ゆる頬《ほ》を　君《きみ》が頬《ほ》に
ここには誰《た》れも　来《こ》ぬものを

カラオケはここまで。この先も続けてうたいましょう

3

いのち短《みじか》し　恋《こい》せよ少女《おとめ》
波《なみ》にただよい　波《なみ》の様《よ》に
君《きみ》が柔手《やわて》を　わが肩《かた》に
ここには人目《ひとめ》　ないものを

4

いのち短《みじか》し　恋《こい》せよ少女《おとめ》
黒髪《くろかみ》の色《いろ》　褪《あ》せぬ間《ま》に
心《こころ》のほのお　消《き》えぬ間《ま》に
今日《きょう》はふたたび　来《こ》ぬものを

物 つくる

ゴンドラの唄

手づくりカルタ遊び

♪ひと言コメント

恋の思い出、好きだった人、大切な人の話で盛り上がりましょう。

動作

渡す

●用意するもの●

ブロマイド写真　画用紙

●進め方●

① 最初にみんなでうたいましょう。
② 女優や俳優のブロマイドを画用紙に貼ってカルタをつくります。同じ人物の写真を2枚ずつ、女優・俳優各15人分ほどあるとよい。
③ カルタを並べて遊びましょう。
　(例) A　めくって出た人の名前を当てる
　　　B　神経衰弱ゲーム
　　　C　めくって出た人物の説明をして話を広げていく
④ 最後にもう一度みんなでうたいます。

活動のアドバイス

★ カルタの人物について話すことで広がりが生まれ、回想ができます。昔の思い出を語ることはとても大切で、知らなかったその人がわかるきっかけにもなります。

高齢者の介護ポイント

渡す 動作をしてみましょう

☆前へ渡す

☆後ろへ渡す

☆横へ渡す

楽曲解説

1915年（大正4年）に吉井勇の作詞、中山晋平の作曲で発表された歌謡曲。吉井は大正・昭和期の歌人、脚本家として活躍。戯曲「午後三時」、歌集「酒ほがひ」などを創作。中山は童謡、流行歌、新民謡など幅広いジャンルに渡って「カチューシャの唄」「船頭小唄」「波浮の港」「東京音頭」などを創作した日本を代表する音楽家。黒澤明監督の映画『生きる』に同曲が使用されているのはつとに有名。

他の曲でもやってみよう

嫁に来ないか／みちづれ／柔／みだれ髪／無法松の一生

あおげば尊《とうと》し

作詞　文部省唱歌
作曲　文部省唱歌

1

あおげば尊《とうと》し　わが師《し》の恩《おん》
教《おしえ》の庭《にわ》にも　早《は》や幾歳《いくとせ》
思《おも》えばいと疾《と》し　この年月《としつき》
今《いま》こそ別《わか》れめ　いざさらば

2

互《たが》いにむつみし　日《ひ》ごろの恩《おん》
別《わか》るる後《のち》にも　やよ忘《わす》るな
身《み》を立《た》て名《な》をあげ　やよはげめよ
今《いま》こそ別《わか》れめ　いざさらば

3

朝夕《あさゆう》馴《な》れにし　学《まな》びの窓《まど》
蛍《ほたる》のともし火《び》　積《つ》む白雪《しらゆき》
忘《わす》るる間《ま》ぞなき　ゆく年月《としつき》
今《いま》こそ別《わか》れめ　いざさらば

体 動く

あおげば尊し

うたいながら足をスイスイ

♪ひと言コメント

文語体で言葉が少々難しいですが、1つひとつ意味を解釈してからうたうといいですね。

動作

滑る

●進め方●

① 最初にみんなでうたいましょう。
② 1行目…足踏みします。
③ 2行目…右足を前後に滑らせます。
④ 3行目…左足を前後に滑らせます。
⑤ 4行目…両足を上げます。
⑥ 最後にもう一度みんなでうたいます。

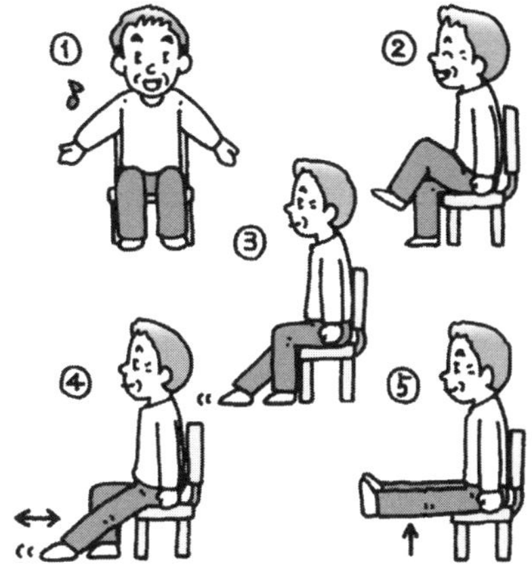

活動のアドバイス

★ 懐かしい学校や友人、先生の話をして回想してみましょう。どのような人が多かったでしょうか。

★ ホワイトボードに白地図を貼って、懐かしい人との縁ある地を確認してみましょう。

高齢者の介護ポイント

滑る 動作をしてみましょう

☆靴下を履いて床を滑らせる

☆座っておしりで滑る

☆手袋をして手で壁を滑らせる

楽曲解説

特に明治から昭和にかけて学校の卒業式でよくうたわれ、現在でも卒業式の定番としてうたい継がれる唱歌。卒業生がお世話になった恩師に感謝し、充実した学生生活を振り返る歌詞で親しまれている。2006年（平成18年）に文化庁と日本PTA全国協議会が選定した「日本の歌百選」の名曲のひとつ。原曲はスコットランド民謡とも言われているが、現在は諸説あり、研究されている。

他の曲でもやってみよう

ああ人生に涙あり（水戸黄門）／雪の降るまちを／夜霧よ今夜も有難う／喜びも悲しみも幾歳月／長崎は今日も雨だった

叱《しか》られて

作詞　清水かつら
作曲　弘田龍太郎

1

叱《しか》られて
叱《しか》られて
あの子《こ》は町《まち》まで　お使《つか》いに
この子《こ》は坊《ぼう》やを　ねんねしな
夕《ゆう》べさみしい　村《むら》はずれ
こんときつねが　なきゃせぬか

2

叱《しか》られて
叱《しか》られて
口《くち》には出《だ》さねど　目《め》になみだ
二人《ふたり》のお里《さと》は　あの山《やま》を
越《こ》えてあなたの　花《はな》のむら
ほんに花見《はなみ》は　いつのこと

物 つくる

叱られて

ストローでボーリング

♪ひと言コメント

作詞者の物悲しい思いが表現されています。みなさんの思い出に叱られた時のエピソードはありますか？

動作

取る

●用意するもの●

ストロー　トイレットペーパーの芯10本

●進め方●

① 最初にみんなでうたいましょう。
② ボーリングのピンのように10本のトイレットペーパーの芯を並べます。
③ ストローを吹いてピンを倒しましょう。
④ 芯の並べ方は、横１列でも２列でも、四角や円でも楽しいですよ。
⑤ 最後にもう一度みんなでうたいます。

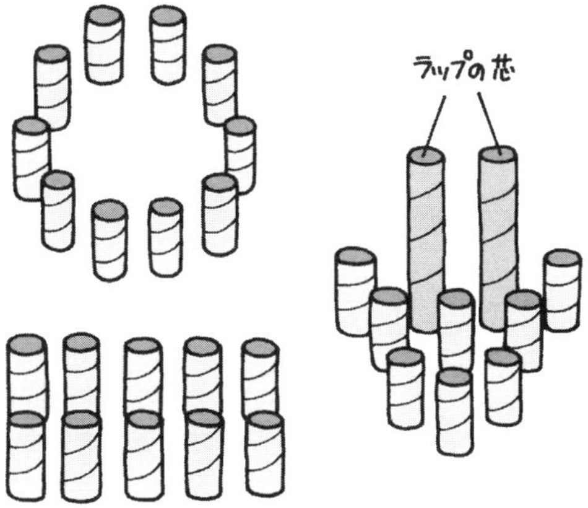

活動のアドバイス

★ 倒した本数で競う他に、芯に点数を付けて得点で競う方法もあります。点数は見えないところに書くと楽しいでしょう。

★ストローを２本使うとさらにパワーが出ます。その時はラップの芯も数本混ぜてみましょう。

高齢者の介護ポイント

取る 動作をしてみましょう

☆物を取る

☆重さ違いの物を取る

楽曲解説

1920年（大正９年）に清水かつらの作詞、弘田龍太郎の作曲で発表された唱歌。清水は童謡詩人として活躍し、「靴が鳴る」「あした」「雀の学校」などを、弘田は東京音楽学校（東京藝術大学）ピアノ科に入学し、本居長世に師事した後、「金魚の昼寝」「雨」「雀の学校」「春よ来い」などを創作。2006年（平成18年）に文化庁と日本PTA全国協議会が選定した「日本の歌百選」の名曲のひとつ。

他の曲でもやってみよう

翼をください／とんがり帽子／若者たち／山小舎の灯／星に祈りを

港《みなと》が見《み》える丘《おか》

作詞　東辰三
作曲　東辰三

1

あなたと二人《ふたり》で　来《き》た丘《おか》は
港《みなと》が見《み》える丘《おか》
色《いろ》あせた桜《さくら》　ただ一《ひと》つ
淋《さび》しく　咲《さ》いていた
船《ふね》の汽笛《きてき》　むせび泣《な》けば
チラリホラリと　花片《はなびら》
あなたと私《わたし》に降《ふ》りかかる　春《はる》の午後《ごご》でした

2

あなたを想《おも》うて　来《く》る丘《おか》は
港《みなと》が見《み》える丘《おか》
葉桜《はざくら》をソヨロ　訪《おとず》れる
潮風《しおかぜ》　浜《はま》の風《かぜ》
船《ふね》の汽笛《きてき》　遠《とお》く聞《き》いて
うつらとろりと　見《み》る夢《ゆめ》
あなたの口許《くちもと》あの笑顔《えがお》　淡《あわ》い夢《ゆめ》でした

港が見える丘

物 つくる ダーツで遊ぼう

♪ひと言コメント

時の流れがよくわかる歌ですね。それぞれの思いや歌にまつわる感想を話しましょう。

動作

打つ

●用意するもの●

大きめの段ボール箱(たたんでおく)

厚手の模造紙　マジックペン

●進め方●

① 段ボールで1m四方の土台をつくります。模造紙などを貼ってもよいでしょう。

② 大きな円を書き、適当な数に分割します。

③ ②に点数を書き込んで的のできあがり。

④ 矢をつくります。

(例)風船の中に小麦粉を200cc入れたもの／アルミホイルを丸めたボール／ペットボトルのふたを6個ほど入れたビニール袋　など

⑤ 的に矢を当てて遊びましょう。

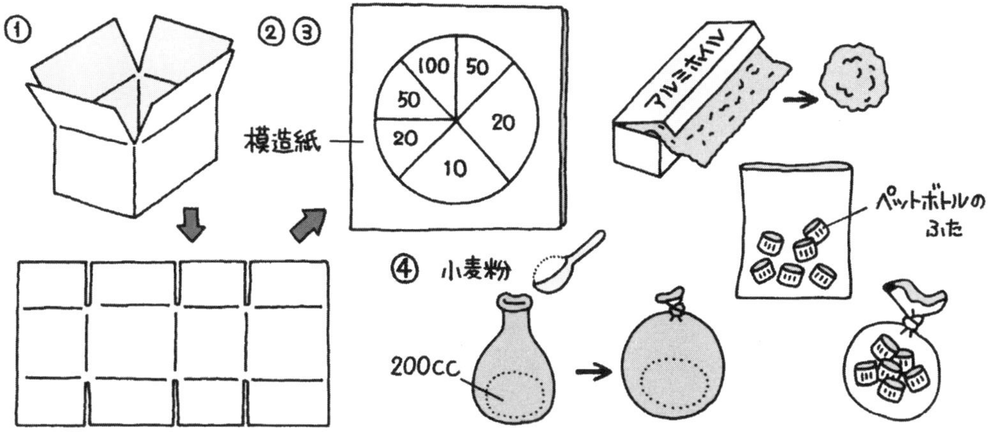

活動のアドバイス

★ 的の設置方法は、①床に置く、②斜めに立てかける、③壁に掛けて吊るす、などで遊びましょう。

★ 点数を競って順位をつけると盛り上がりますよ。

高齢者の介護ポイント

打つ 動作をしてみましょう

☆手でボールを打つ

☆棒で打つ

☆うちわで打つ

楽曲解説

昭和期に活躍した日本を代表する作詞家・作曲家の東辰三が創作。1947年（昭和22年)、後にシャンソン歌手としても活躍するデビュー間もない平野愛子がうたって大ヒットした、終戦直後を代表する流行歌。神奈川県横浜市に同曲のタイトルを冠した「港の見える丘公園」があり、同公園内に歌碑が建立されている。青江三奈、石川さゆり、角松敏生、鮫島有美子など幅広い歌手がカバーしている。

他の曲でもやってみよう

若いふたり／別れの一本杉／長崎の女／すきま風／せんせい

かごめかごめ

わらべうた

かごめ かごめ

かごのなかの とりは

いついつ でやる

よあけの ばんに

つるとかめと すべった

うしろのしょうめん だあれ

カラオケなし

体 動く

かごめかごめ

ペーパー芯リレー

♪ひと言コメント

昔ながらの遊び方は、歩ける人も車椅子の人も回ることができますね。

動作

つかむ

●用意するもの●

トイレットペーパーの芯4～5本
テニスボールサイズの玉4～5個
小さなタオル4～5枚

●進め方●

① 最初にみんなでうたいましょう。
② 参加人数の5～7割の人に用意した物を持ってもらい、円になって座ります。
③ 芯の上に玉やタオルを乗せ、芯ごと隣の人に回していきます。
④ 最後にもう一度みんなでうたいます。

活動のアドバイス

★ 歌詞の「か・め」「つ・る」の時に手拍子・足拍子を入れてうたうと、頭の刺激にもなります。

★ 動ける人は椅子の周りを歩きながらうたってみましょう。

高齢者の介護ポイント

つかむ 動作をしてみましょう

☆指でつかむ

☆手でつかむ

☆両手でつかむ

楽曲解説

伝承曲としてうたい継がれている「わらべうた」のひとつ。子どもたちの遊び歌として、長年に渡りどの世代でも子どもの頃に必ずと言っていいほどうたい遊んだ名曲。各地方で歌詞に特徴があるが、昭和初期に活躍した作曲家・山中直治によって採譜記録された千葉県野田市地方の歌が全国へと広がり、現在親しまれている曲に至る。「かごめの唄の碑」が東武野田線の清水公園駅前に建立されている。

他の曲でもやってみよう

背くらべ／ちいさい秋みつけた／夏は来ぬ／涙くんさよなら／あすという日が

七《なな》つの子《こ》

作詞　野口雨情
作曲　本居長世

からす　なぜなくの
からすは　山《やま》に
かわいい　七《なな》つの
子《こ》があるからよ

かわい　かわいと
からすはなくの
かわい　かわいと
なくんだよ

山《やま》の　ふるすへ
いってみてごらん
まるい目《め》をした
いい子《こ》だよ

カラオケNo.7

七つの子

するりとスカーフ

物 つくる

♪ひと言コメント

カラスについて調べてみると、いろいろな意味があることに気がつきます。『七つの子』にちなんだ会話を提供しましょう。

動作

蹴る

●用意するもの●

スカーフなど

●進め方●

① 最初にみんなでうたいましょう。
② 2人組になり向かい合います。
③ 1人がスカーフを図のように持ちます。
④ 歌の途中でもう1人がそのスカーフを抜き取ろうとしますので、つかんで抜かれないようにします。
⑤ 交代で行いましょう。
⑥ 最後にもう一度みんなでうたいます。

活動のアドバイス

★ スカーフの他、手ぬぐい・タオル・ひも・リボンなども試してみましょう。物によって指先の加減が変わり、運動も変わってきます。

★ 両手にスカーフを持ってやれば、左右のバランスのリハビリになりそうですね。

高齢者の介護ポイント

蹴る 動作をしてみましょう

☆かるく蹴る

☆足運びをする

☆足送りをする

楽曲解説

1921年（大正10年）に野口雨情の作詞、本居長世の作曲で、児童文学雑誌『金の船』の7月号で発表。野口は詩人、童謡・民謡の作詞家として活躍し、「十五夜お月さん」「赤い靴」「証城寺の狸囃子」などを、本居は童謡作曲家として活躍し、「青い眼の人形」「赤い靴」「汽車ぽっぽ」などを創作。数ある童謡名曲の中でも、長年に渡りうたい継がれてきた名曲のひとつ。

他の曲でもやってみよう

学生時代／からたちの花／北酒場／岸壁の母／女のみち

ローレライ

訳詞　近藤朔風
作曲　Friedrich Silcher

1

なじかは知《し》らねど　心《こころ》わびて
昔《むかし》の伝説《つたえ》は　そぞろ身《み》にしむ
寥《さび》しく暮《く》れゆく　ラインの流《ながれ》
入日《いりひ》に山々《やまやま》　あかく映《は》ゆる

2

美《うるわ》し少女《おとめ》の　巌頭《いわお》に立《た》ちて
黄金《こがね》の櫛《くし》とり　髪《かみ》のみだれを
梳《と》きつつ口吟《くちずさ》む　歌《うた》の声《こえ》の
神怪《くすし》き魔力《ちから》に　魂《たま》もまよう

カラオケはここまで。この先も続けてうたいましょう

3

漕《こ》ぎゆく舟《ふな》びと　歌《うた》に憧《あこが》れ
岩根《いわね》も見《み》やらず　仰《あお》げばやがて
浪間《なみま》に沈《しず》むる　ひとも舟《ふね》も
神怪《くすし》き魔歌《まがうた》　謡《うた》うローレライ

ローレライ

体 動く

全身ストレッチ

♪ひと言コメント

高い音なので、苦しい時にはハミングしましょう。

動作

掘る

●進め方●

① 最初にみんなでうたいましょう。

② 全身のストレッチをします。

A 首回し…首を前後左右に倒したり、ゆっくり回したりする

B 腰倒し…立った姿勢で前かがみになったり、後ろに反ったりする

C 背筋伸ばし…腕を耳に当て、右上方、左上方に伸ばす

D ひざグルグル…両手を両ひざにかるく当てて回す

③ 最後にもう一度みんなでうたいます。

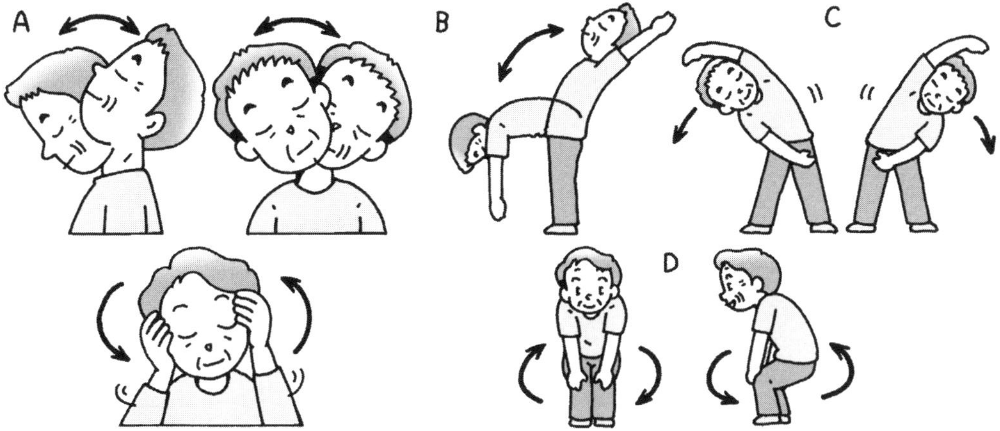

活動のアドバイス

★ 座位でも立位でもできますね。座位の場合は椅子に浅く腰かけるとよいでしょう。

★ 運動の最中は呼吸を止めがちになります。うたいながら動くとよいでしょう。

高齢者の介護ポイント

掘る 動作をしてみましょう

☆腰を曲げて掘り起こす

☆手首で掘り起こす

楽曲解説

1880年（明治13年）2月に生まれた近藤朔風は原詩に忠実で、「ローレライ」を始めうたいやすい「日本語訳詞」を数多く残した訳詞家。日本で初めてグルック作曲のオペラ『オルフェウス』を上演した時に訳詞を担当したひとりとしても活躍。作曲はドイツの作曲家フリードリヒ・ジルヒャーで、ドイツ国内で合唱曲の創作や、世界の民謡を採譜編曲して、数多くの曲が合唱曲として親しまれている。

他の曲でもやってみよう

君恋し／こんにちは赤ちゃん／高校3年生／この広い野原いっぱい／さくら貝の歌

竹田《たけだ》の子守唄《こもりうた》

京都地方民謡

1

守《も》りもいやがる　盆《ぼん》から先《さき》にゃ
雪《ゆき》もちらつくし　子《こ》も泣《な》くし

2

盆《ぼん》が来《き》たとて　なにうれしかろ
かたびらはなし　帯《おび》はなし

3

この子《こ》よう泣《な》く　守《も》りをばいじる
守《も》りも一日《いちにち》　やせるやら

4

はよもゆきたや　この在所《ざいしょ》こえて
向《むこ》うに見《み》えるは　親《おや》の家《うち》
向《むこ》うに見《み》えるは　親《おや》の家《うち》

竹田の子守唄

物 つくる CDコマづくり

♪ひと言コメント

親が子を寝かせるための「子守唄」とはだいぶ意味の違う曲ですが、幼少の頃の話などを盛り込んでみましょう。

動作 **はう**

●用意するもの●

CD2枚　単三電池1本　ビニールテープ　接着剤
装飾用の紙など

●進め方●

① CD2枚を貼り合わせ、単三電池を準備します。
② 単三電池は細いので、ビニールテープを巻き、CDの穴に差し込んで様子を見、落ちない程度に調整します。
③ 穴に電池を差し込み、動かないように表裏にビニールテープを貼って固定します。回して揺れるようだと安定感が悪いです。
④ 手づくりコマを回して遊びましょう。

活動のアドバイス

★ コマがどれくらい回るか時間を計ってみましょう。
★ いくつかのコマを同時に回して、何個のコマが回るか楽しみましょう。
★ コマの上に簡単な文字を書いた紙を貼って、回っている間に読みとるゲームも楽しいですよ。

高齢者の介護ポイント

はう 動作をしてみましょう

☆手とひざではいはい
☆手のみではいはい
☆ひじのみではいはい

楽曲解説

大阪・京都地方に伝承される子守唄。1969年（昭和44年）結成されたフォーク・グループ「赤い鳥」が1971年（昭和46年）にリリースしたカバー・バージョンで幅広い世代に知られて親しまれた。1969年に「赤い鳥」は同曲で第3回ヤマハ・ライト・ミュージック・コンテストに参加。「赤い鳥」は後に解散し、Hi-Fi Set、紙ふうせんなどのフォーク＆ポップスのグループとなり活躍した。

他の曲でもやってみよう

恋の季節／きよしのズンドコ節／誰か故郷を想わざる／上海帰りのリル／さらば青春

アメイジング・グレイス

作詞　John Newton
作曲　讃美歌

※ Amazing《アメイジング》 grace《グレイス》! how《ハウ》 sweet《スウィート》 the《ザ》 sound《サウンド》,
That《ザット》 saved《セイヴド》 a《ア》 wretch《レッチ》 like《ライク》 me《ミー》!
I《アイ》 once《ワンス》 was《ワズ》 lost《ロスト》, but《バット》 now《ナウ》 I'm《アイム》 found《ファウンド》,
Was《ワズ》 blind《ブラインド》, but《バット》 now《ナウ》 I《アイ》 see《シー》.

※もう一度繰り返しましょう

'Twas《トワズ》 grace《グレイス》 that《ザット》 taught《トート》 my《マイ》 heart《ハート》 to《トゥ》 fear《フィア》,
And《アンド》 grace《グレイス》 my《マイ》 fears《フィアズ》 relieved《リリーヴド》.
How《ハウ》 precious《プレシャス》 did《ディド》 that《ザット》 grace《グレイス》 appear《アピア》,
The《ジ》 hour《アワー》 I《アイ》 first《ファースト》 believed《ビリーヴド》.

体 動く

アメイジング・グレイス

ハミングはやさしい響きで

♪ひと言コメント

多くの歌手がうたっているので、聴き比べをするのもいいですね。

動作

はねる

●進め方●

① 最初にみんなでうたいましょう。
② 曲に合わせてハミングします。
③ 首、手首、足首などを回してストレッチします。
④ 目を閉じて深呼吸をします。
⑤ 大きく腕を頭の上に伸ばして、ゆっくり下ろします。
⑥ 最後にもう一度みんなでうたいます。

活動のアドバイス

★ うたうだけでなく、聴くことでリラクゼーション効果を得ることもできます。

★ 目を閉じてゆっくり、深呼吸しながら回想しましょう。

高齢者の介護ポイント

はねる 動作をしてみましょう

☆上に跳びはねる　☆前に跳びはねる

☆後ろに跳びはねる　☆左右に跳びはねる

楽曲解説

イギリスの牧師ジョン・ニュートンが作詞した讃美歌。ゴスペル・ソングとして世界各国でうたい継がれている。「Grace」とは「神の恵み」「恩寵（おんちょう＝恵み慈しむこと）」。ニュートンは自らも奴隷のような扱いをされ、奴隷船の船長になった後に回心して牧師となった。同名映画はニュートンを主人公にしたものではなく、奴隷貿易廃止に貢献したウィルアム・ウィルバーフォースの半生を描いたもの。

他の曲でもやってみよう

時代／島唄／少年時代／涙そうそう／マイ・ウェイ

黒《くろ》田《だ》節《ぶし》

福岡県民謡

1

酒《さけ》は飲《の》め飲《の》め 飲《の》むならば
日《ひ》の本《もと》一《いち》の この槍《やり》を
飲《の》みとるほどに 飲《の》むならば
これぞ真《まこと》の 黒《くろ》田《だ》武《ぶ》士《し》

2

峰《みね》の嵐《あらし》か 松《まつ》風《かぜ》か
訪《たず》ぬる人《ひと》の 琴《こと》の音《ね》か
駒《こま》をひきとめ 立《た》ちよれば
爪《つま》音《おと》高《たか》き 想《そう》夫《ふ》恋《れん》

黒田節

体 動く　新聞紙で島わたりゲーム

♪ひと言コメント

うたうだけでなく、ゆったりしたテンポの曲に合わせてできるストレッチなども取り入れるといいですね。

動作

こぐ

●用意するもの●

新聞紙１人２枚

●進め方●

① スタートの合図で、ゴールに向かって競争します。歩くのは新聞紙の上だけで、手に持っている１枚を進んでいく方向に置き、その上に移動します。

② 足下に敷いていた新聞紙を取って、繰り返しながら進んでいきます。先にゴールした人にポイントが付きます。

活動のアドバイス

★ 新聞紙が破れたら減点ポイントにするルールにしてみましょう。

★ 早い人にはハンデを付け、新聞紙のサイズを小さくします。難易度が増して楽しいですよ。

★ 新聞紙の上に靴下やスリッパで乗ると滑ります。転倒に注意しましょう。

高齢者の介護ポイント

こぐ 動作をしてみましょう

☆足を着いて椅子に座りこぐ

☆足を浮かせて椅子に座りこぐ

楽曲解説

福岡県福岡市を代表する民謡。「筑前今様」と呼ばれた福岡藩の武士たちにうたい継がれた伝承曲（民謡）で、全国的に広まってお祝い席などでお披露目されるようになった。旋律は伝承された民謡というよりは、雅楽の「越天楽」に聴ける旋律にさまざまな意味合いの歌詞をあてはめてうたわれる「越天楽今様」が下地となっている。昭和初期のレコ　ドでは「黒田武士」と表記されたものがあった。

他の曲でもやってみよう

サン・トワ・マミー／人生の並木道／好きになった人／下町の太陽

ずいずいずっころばし

わらべうた

ずいずい ずっころばし
ごまみそずい
ちゃつぼに おわれて
トッピンシャン
ぬけたら ドンドコショ
たわらの ねずみが
こめくって チュウ
チュウ チュウ チュウ
おっとさんが よんでも
おっかさんが よんでも
いきっこなしよ
いどのまわりで
おちゃわん かいたの
だあれ

カラオケNo.12

体 動く

ずいずいずっころばし

リズムに合わせて手足を動かそう

♪ひと言コメント

単語1つひとつの意味を知ってうたうなど、言葉の意味を知る楽しみ方もありますね。

動作

押さえる

●進め方●

① 最初にみんなでうたいましょう。

② いくつかの手拍子を組み合わせて体を動かします。

A 「・トン・トン・トントン」

B 「トントン・・トントン・」

C 「・・トントントン・トン」

※「・」は1拍お休み 「トン」は1拍手打ち

③ 最後にもう一度みんなでうたいます。

活動のアドバイス

★ 足も同じように「・」と「トン」で動かしてみましょう。

★ 打楽器などで音を出すとよりにぎやかになります。

高齢者の介護ポイント

押さえる 動作をしてみましょう

☆手で押さえる ☆足で押さえる

☆指で押さえる ☆お尻で押さえる

楽曲解説

日本の「手あそびうた」を代表する「わらべうた」のひとつ。古くから国内に伝わる伝承童謡として親しまれている。その遊び方も、子どもの頃に必ず親や友だちなどから教わったものだろう。1962年(昭和37年)12月にNHK『みんなのうた』でお披露目され、当時、双子姉妹のザ・ピーナッツがうたって幅広く全国に知られることとなった。同番組で1968年（昭和43年）にボニー・ジャックスもうたっている。

他の曲でもやってみよう

世界は二人のために／月の沙漠／千曲川／蘇州夜曲／津軽海峡・冬景色

春《はる》が来《き》た

作詞　高野辰之
作曲　岡野貞一

1

春《はる》が来《き》た　春《はる》が来《き》た　どこに来《き》た
山《やま》に来《き》た　里《さと》に来《き》た　野《の》にも来《き》た

2

花《はな》が咲《さ》く　花《はな》が咲《さ》く　どこに咲《さ》く
山《やま》に咲《さ》く　里《さと》に咲《さ》く　野《の》にも咲《さ》く

3

鳥《とり》が鳴《な》く　鳥《とり》が鳴《な》く　どこで鳴《な》く
山《やま》で鳴《な》く　里《さと》で鳴《な》く　野《の》でも鳴《な》く

カラオケなし

春が来た

物 つくる

季節のカードで替え歌遊び

♪ひと言コメント

この曲によく似た旋律の曲が数々あるので、聴き比べをするのも楽しいですね。

動作

押す

●用意するもの●

画用紙　サインペン

●進め方●

① 歌詞にある以外の語句で春のカードをつくります。

② 夏・秋・冬のカードもつくりましょう。

（例：秋）

秋が来た　栗がなる　虫が鳴く　など

③ カードを組み合わせて季節ごとの替え歌をうたいます。

活動のアドバイス

★ 季節感のある言葉を探して歌にすると楽しめますね。また、考える作業がよい刺激になります。

★ 歌詞を手文字で表しながらうたってみましょう。

高齢者の介護ポイント

押す 動作をしてみましょう

☆指で壁を押す　☆手で壁を押す

☆お尻で壁を押す　☆足で壁を押す

楽曲解説

高野辰之の作詞、岡野貞一の作曲で、1910年（明治43年）に発刊された『尋常小学読本唱歌』で発表。高野は国文学者、作詞家として活躍し、「近松門左衛門全集」「日本歌謡史」などの編纂、「故郷」「朧月夜」「もみじ」などを創作した。岡野は作曲家、教会のオルガニストとして活躍し、「故郷」「春の小川」「朧月夜」「桃太郎」「紅葉（もみじ）」などを創作。高野＝岡野で数々の名曲を残している。

他の曲でもやってみよう

どじょっこふなっこ／ドレミの歌／野に咲く花のように／桃太郎／いつでも夢を

十九《じゅうく》の春《はる》

沖縄俗謡歌
補作詞　本竹裕助

1（女）

私《わたし》があなたにほれたのは
ちょうど十九《じゅうく》の春《はる》でした
いまさら離縁《りえん》と言《い》うならば
もとの十九《じゅうく》にしておくれ

2（男）

もとの十九《じゅうく》にするならば
庭《にわ》の枯木《かれき》を見《み》てごらん
枯木《かれき》に花《はな》が咲《さ》いたなら
十九《じゅうく》にするのもやすけれど

3（女）

みすて心《ごころ》があるならば
早《はや》くお知《し》らせ下《くだ》さいね
年《とし》も若《わか》くあるうちに
思《おも》い残《のこ》すな明日《あす》の花《はな》

4（男）

一銭《いっせん》二銭《にせん》の葉書《はがき》さえ
千里《せんり》万里《まんり》と旅《たび》をする
同《おな》じコザ市《し》に住《す》みながら
あえぬ吾《わ》が身《み》のせつなさよ

カラオケはここまで。この先も続けてうたいましょう

5（女）

主《ぬし》さん主《ぬし》さんと呼《よ》んだとて
主《ぬし》さんにゃ立派《りっぱ》な方《かた》がある
いくら主《ぬし》さんと呼《よ》んだとて
一生忘《いっしょうわす》れぬ片想《かたおも》い

6（女・男）

奥山《おくやま》住《ず》まいのうぐいすは
梅《うめ》の小枝《こえだ》で昼寝《ひるね》して
春《はる》が来《く》るよな夢《ゆめ》をみて
ホケキョホケキョと
鳴《な》いていた

体 動く

十九の春

男女かけあいでうたおう

♪ひと言コメント

沖縄音階には「レ」「ラ」がありません。木琴の「レ・ラ」を抜いて叩いてみると、簡単に沖縄メロディが奏でられますよ。

動作

当てる

●進め方●

① 最初にみんなでうたいましょう。
② 男女パート別にうたってみます。
③ 手文字を入れてうたってみます。
④ 3・4番は立ってうたってみます。
⑤ 最後にもう一度みんなでうたいます。

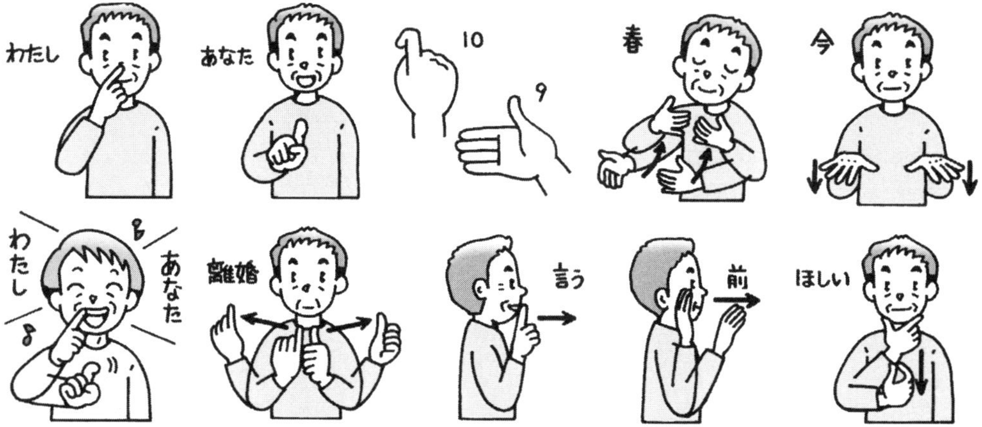

活動のアドバイス

★ 6番まである長い曲です。途中に打楽器などを入れるとメリハリがつきますね。

★ 沖縄民謡の手踊りの動きを取り入れてもいいですね。

高齢者の介護ポイント

当てる動作をしてみましょう

☆的当てをする

☆的入れをする

楽曲解説

同曲は沖縄音楽（沖縄俗謡歌）を代表する唄（古典民謡のような伝承曲の流れとは異なる）。伝承民謡としても知られているが、20世紀に入って創作されたもので、幅広い世代にうたい継がれている。旋律は「ラッパ節（痛烈な社会風刺を歌詞にし、ユーモラスな曲調にのせた大正初期に流行した大衆歌謡）」を下地にしており、作詞は本竹裕助が補っている。1975年（昭和50年）に田端義夫がうたってヒットした。

他の曲でもやってみよう

さとうきび畑／東京ラプソディ／人生劇場／千の風になって／赤城の子守唄

ソーラン節《ぶし》

北海道民謡

1

(ハアドッコイ)
ヤーレン ソーラン ソーラン
ソーラン ソーラン ソーラン (ハイ ハイ)
沖《おき》のかもめに 潮《しお》どき問《と》えば
わたしゃ立《た》つ鳥《とり》 波《なみ》に聞《き》け チョイ
※ヤサ エーエンヤーン サーノドッコイショ
(ハアドッコイショ ドッコイショ)(ハアドッコイ)

2

ヤーレン ソーラン ソーラン
ソーラン ソーラン ソーラン (ハイ ハイ)
おどる銀鱗《ぎんりん》 かもめの唄《うた》に
お浜《はま》大漁《たいりょ》の 陽《ひ》が昇《のぼ》る チョイ
※繰り返し

3

ヤーレン ソーラン ソーラン
ソーラン ソーラン ソーラン (ハイ ハイ)
男度胸《おとこどきょう》なら 五尺《ごしゃく》のからだ
どんと乗《の》りだせ 波《なみ》の上《うえ》 チョイ
※繰り返し

ソーラン節

体 動く 漁師になった気分で

♪ひと言コメント

いろいろな場面で幼児から大人までがこの曲で踊っていますので、鑑賞すると楽しめるでしょう。

動作 振る

●進め方●

① 最初にみんなでうたいましょう。
② 始めのお囃子…横振りをします。
③ 歌の2行…上下振りをします。
④ 後のお囃子…左右に引っぱります。
⑤ 最後にもう一度みんなでうたいます。

活動のアドバイス

★ 和太鼓・鳴子などで音頭とりをしてみると楽しいですね。

★ 動いたり踊ったりする場合は転倒に注意し、スリッパやサンダルなどの着用は避けましょう。

高齢者の介護ポイント

振る 動作をしてみましょう

☆前後に振る

☆上下に振る

☆左右に振る

楽曲解説

北海道を代表する、さらに日本を代表する民謡の名曲。北海道の日本海沿岸、後志の積丹半島から余市郡の地域が発祥の地。いわゆる「漁師の唄」として幅広い世代に知られ「ニシン漁」の唄として有名である。春を迎えると産卵のために大群となって北海道の日本海沿岸に集まるニシンの漁を描いている。春の漁期が近づくと東北や北海道から一攫千金を求めて出稼ぎ漁師の「ヤン衆」が集まったという。

他の曲でもやってみよう

会津磐梯山／天城越え／アンコ椿は恋の花／王将／木曽節

箱根《はこね》八里《はちり》

作詞　鳥居忱
作曲　瀧廉太郎

第《だい》一章《しょう》 昔《むかし》の箱根《はこね》

箱根《はこね》の山《やま》は 天下《てんか》の険《けん》
函谷関《かんこくかん》も 物《もの》ならず
万丈《ばんじょう》の山《やま》 千仞《せんじん》の谷《たに》
前《まえ》に聳《そび》え 後《しりえ》に支《さそ》う
雲《くも》は山《やま》をめぐり 霧《きり》は谷《たに》をとざす
昼猶闇《ひるなおくら》き 杉《すぎ》の並木《なみき》
羊腸《ようちょう》の小径《しょうけい》は 苔滑《こけなめら》か
一夫《いっぷ》関《かん》に当《あた》るや 万夫《ばんぷ》も開《ひら》くなし
天下《てんか》に旅《たび》する 剛毅《ごうき》の武士《もののふ》
大刀《だいとう》腰《こし》に 足駄《あしだ》がけ
八里《はちり》の岩根《いわね》 踏《ふ》み鳴《な》らす
斯《か》くこそありしか 往時《おうじ》の武士《もののふ》

箱根八里

体 動く　うたいながら足指ほぐし

♪ひと言コメント

元気に動きやすい曲調です。打楽器などと合わせても楽しいですね。

動作

投げる

●進め方●

① 最初にみんなでうたいましょう。
② 右足の指間に右手の指をはさみ、左足の指間に左手の指をはさみます。足指を動かしてみましょう。
③ 指をはさんだまま、甲側に手を握ります。
④ 足底側にも握ります。
⑤ つぎは手足をクネクネ動かします。
⑥ 最後にもう一度みんなでうたいます。

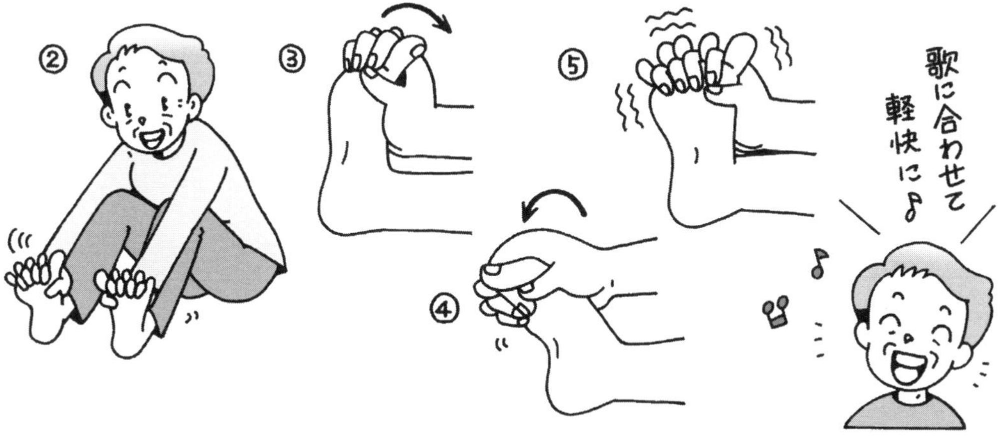

活動のアドバイス

★ 足指を動かし、足底全体で地面を踏んばれるように、指の曲げ伸ばしをしましょう。

★ 足だけでなく手や腕、上半身も動かして全身運動にすることもできます。

高齢者の介護ポイント

投げる 動作をしてみましょう

☆片手で、肩から下へ投げる
☆両手で、頭の上から投げる
☆両手で、太もものあたりから上に向かって投げる
☆左右から横投げをする

楽曲解説

鳥居忱の作詞、瀧廉太郎の作曲で、1901年（明治34年）に発刊された『中学唱歌』で発表された唱歌。鳥居は作詞家として活躍し、「唱歌長岡少尉」「旅順閉塞」などを、瀧は作曲家として活躍し、日本の西洋音楽（クラシック）黎明期における代表的な音楽家として「花」「荒城の月」「お正月」などを創作。旧東海道で小田原宿から箱根宿の四里と、箱根宿から三島宿までの四里を「箱根八里」という。

他の曲でもやってみよう

時の流れに身をまかせ／壺坂情話／涙の連絡船／東京だョおっ母さん／長崎の鐘

炭坑節《たんこうぶし》

福岡県民謡

1

月《つき》が出《で》た出《で》た 月《つき》が出《で》た ヨイヨイ
三池炭坑《みいけたんこう》の 上《うえ》に出《で》た
あんまり煙突《えんとつ》が 高《たか》いので
さぞや お月《つき》さん 煙《けむ》たかろ サノヨイヨイ

2

一山《ひとやま》二山《ふたやま》 三山《みやま》越《こ》え ヨイヨイ
奥《おく》に咲《さ》いたる 八重《やえ》つつじ
なんぼ色《いろ》よく 咲《さ》いたとて
様《さま》ちゃんが通《かよ》わにゃ 仇《あだ》の花《はな》 サノヨイヨイ

3

竪坑《たてこう》千尺《せんじゃく》 二千尺《にせんじゃく》 ヨイヨイ
下《くだ》りゃ様《さま》ちゃんの ツルの音《おと》
ままになるなら あの側《そば》で
私《わたし》も掘《ほ》りたや 黒《くろ》ダイヤ サノヨイヨイ

体 動く

炭坑節

音頭のリズムに合わせて

♪ひと言コメント

この曲の他に、盆踊り用の踊りでも楽しんでみましょう。

動作

運ぶ

●用意するもの●

太鼓(またはバケツ・プラ容器・タンバリンなど)

●進め方●

① 最初にみんなでうたいましょう。
② 踊る人と音頭をとる人に分けます。
③ 踊る人は手文字を使い、音頭をとる人は太鼓をたたきます。
④ リズムは「トトンガトン」の繰り返しです。
⑤ 足の動きは、踊る人も音頭をとる人も同じで「トトンガトン」に合わせます。
⑥ 最後にもう一度みんなでうたいます。

活動のアドバイス

★「うたう」「演奏する」「ステップを踏む」。ごちゃごちゃにならないよう少しずつ増やしてみましょう。合いの手も忘れずに。

★定番の踊り以外に、ストレッチができるような動きに変えてもよいでしょう。

高齢者の介護ポイント

運ぶ 動作をしてみましょう

☆手で運ぶ

☆腕で運ぶ

☆頭で運ぶ

楽曲解説

福岡県に伝承された民謡で、田川市が発祥の地と伝えられる。数ある日本民謡の中でも全国的に親しまれうたい継がれている。もともと地元で栄えていた炭坑の炭坑夫たちによってうたわれていた民謡。次第に全国的に広がり「盆踊り」の唄としても親しまれるようになった。盆踊りの時期になると全国各地で、幅広い世代を通して、長年に渡ってうたい継がれ、踊り続けられるようになった。

他の曲でもやってみよう

嵐を呼ぶ男／お座敷小唄／銀座カンカン娘／潮来笠／ゲイシャ・ワルツ

あの町《まち》この町《まち》

作詞　野口雨情
作曲　中山晋平

1

あの町《まち》この町《まち》
日《ひ》が暮《く》れる　日《ひ》が暮《く》れる
今《いま》来《き》たこの道《みち》
帰《かえ》りゃんせ　帰《かえ》りゃんせ

2

お家《うち》がだんだん
遠《とお》くなる　遠《とお》くなる
今《いま》来《き》たこの道《みち》
帰《かえ》りゃんせ　帰《かえ》りゃんせ

3

お空《そら》に夕《ゆうべ》の
星《ほし》が出《で》る　星《ほし》が出《で》る
今《いま》来《き》たこの道《みち》
帰《かえ》りゃんせ　帰《かえ》りゃんせ

カラオケNo.17

体 動く

あの町この町

うたって下半身ストレッチ

♪ひと言コメント

歌の意味をみんなで考えてみましょう。時間や設定など、話してみるとさまざまな意見が出ておもしろい。

動作

積む

●進め方●

① 最初にみんなでうたいましょう。

② 手文字をしながらうたいます。

③ 下半身のストレッチを取り入れてみます。

　A　閉じる→開く→閉じる→開く

　B　前→後ろ→前→後ろ

　C　足踏み

④ 最後にもう一度みんなでうたいます。

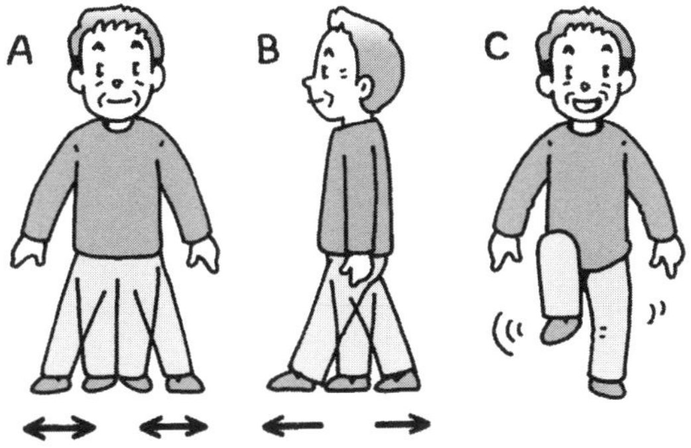

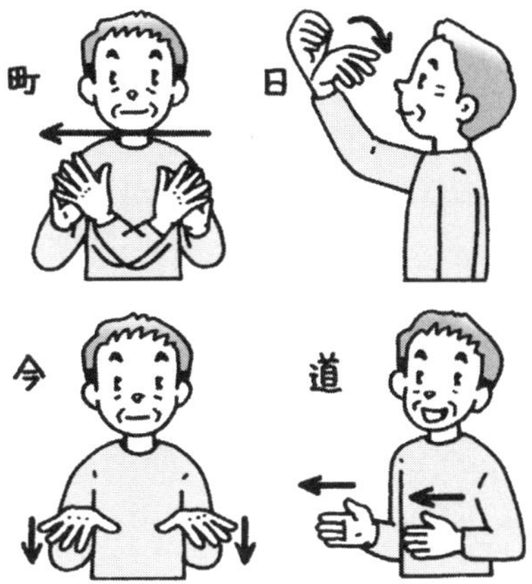

活動のアドバイス

★ 座位・立位どちらでもできます。いろいろな組み合わせで楽しんでみましょう。

★ 上半身の動きを入れると足が止まってしまうので、手に持ったものを振る動作をプラスしましょう。

高齢者の介護ポイント

積む 動作をしてみましょう

☆同じ大きさの物を積んでみる

☆バラバラの大きさの物を積んでみる

☆いろいろな重さの物を積んでみる

楽曲解説

野口雨情の作詞、中山晋平の作曲で、1924年（大正13年）に発刊された児童雑誌『コドモノクニ』1月号で発表された。野口は「十五夜お月さん」「七つの子」「赤い靴」「雨降りお月さん」などを、中山は「シャボン玉」「てるてる坊主」「証城寺の狸囃子」「背くらべ」「兎のダンス」などを創作。2006年（平成18年）に文化庁と日本PTA全国協議会が選定した「日本の歌百選」の名曲のひとつ。

他の曲でもやってみよう

ブルー・シャトウ／北上夜曲／テネシー・ワルツ／遠くへ行きたい／真赤な太陽

ゆりかごのうた

作詞　北原白秋
作曲　草川信

1

ゆりかごのうたを かなりやがうたうよ
ねんねこ ねんねこ ねんねこよ

2

ゆりかごの上《うえ》に びわの実《み》がゆれるよ
ねんねこ ねんねこ ねんねこよ

3

ゆりかごのつなを 木《き》ねずみがゆするよ
ねんねこ ねんねこ ねんねこよ

4

ゆりかごの夢《ゆめ》に 黄《き》色《いろ》い月《つき》がかかるよ
ねんねこ ねんねこ ねんねこよ

カラオケなし

体 動く

ゆりかごのうた

バランスをとりながらうたおう

♪ひと言コメント

小さい頃、この曲を聞きながら眠った方も多いのではないでしょうか。背中をトントンされると眠くなるのはふしぎですね。

動作

支える

●用意するもの●

油性ペン（太字細字両用タイプで底が平らなもの）

●進め方●

① 最初にみんなでうたいましょう。
② 利き手の人さし指にペンを立て、バランスをとりながらうたいます。
③ 指を代えたり、反対の手でも行います。
④ 指の上にペンをのせ、バランスをとりながら決められた場所まで運びます。
⑤ 最後にもう一度みんなでうたいます。

活動のアドバイス

★ 腰かけてテーブルでもできますが、立位でできる人は歩いて距離を延ばしていきましょう。

★ ペアになり「長くバランスをとれたほうが勝ち！」というゲームもできます。

高齢者の介護ポイント

支える 動作をしてみましょう

☆指で支える　☆おでこで支える

☆おなかで支える　☆背中で支える

楽曲解説

北原白秋の作詞、草川信の作曲で、1921年（大正10年）に発刊された雑誌『小学女生』８月号で発表された。北原は詩人、童謡作家、歌人として活躍し、「砂山」「からたちの花」「この道」「ペチカ」などを、草川は作曲家として活躍し、「夕焼け小焼け」「汽車ぽっぽ」「春のうた」「どこかで春が」などを創作。2006年（平成18年）に文化庁と日本PTA全国協議会が選定した「日本の歌百選」の名曲のひとつ。

他の曲でもやってみよう

踊子／憧れのハワイ航路／かなりや／おもいで酒／鐘の鳴る丘

牧場《まきば》の朝《あさ》

作詞　不詳
作曲　船橋栄吉

1

ただ一面《いちめん》に　立《た》ちこめた
牧場《まきば》の朝《あさ》の　霧《きり》の海《うみ》
ポプラ並木《なみき》の　うっすりと
黒《くろ》い底《そこ》から　勇《いさ》ましく
鐘《かね》が鳴《な》る鳴《な》る　かんかんと

2

もう起《おき》出《だ》した　小屋《こ》小屋《やごや》の
あたりに高《たか》い　人《ひと》の声《こえ》
霧《きり》に包《つつ》まれ　あちこちに
動《うご》く羊《ひつじ》の　幾群《いくむれ》の
鈴《すず》が鳴《な》る鳴《な》る　りんりんと

カラオケはここまで。この先も続けてうたいましょう

3

今《いま》さし昇《のぼ》る　日《ひ》の影《かげ》に
夢《ゆめ》からさめた　森《もり》や山《やま》
あかい光《ひかり》に　染《そ》められた
遠《とお》い野末《のずえ》に　牧童《ぼくどう》の
笛《ふえ》が鳴《な》る鳴《な》る　ぴいぴいと

牧場の朝

打楽器のリズムに合わせて

♪ひと言コメント

途中、息つぎをしっかりして最後までうたいましょう。

動作

走る

●用意するもの●

打楽器(タンバリン・カスタネット・鈴など)

●進め方●

① 最初にみんなでうたいましょう。
② 1行目…手拍子しながら。
③ 2行目…机を叩きながら。
④ 3行目…足踏みしながら。
⑤ 4行目…打楽器を使いながら。
⑥ 5行目…手拍子しながら。
⑦ 最後にもう一度みんなでうたいます。

活動のアドバイス

★ 打楽器はつくることができます。バケツの太鼓、かまぼこ板のカスタネット、ペットボトルのマラカスなど、いろいろ手づくりしてみましょう。

★ 最近は打楽器のバリエーションが豊富なので、いろいろ試してみましょう。

高齢者の介護ポイント

走る 動作をしてみましょう

☆その場から走る
☆椅子に座った姿勢から走る
☆しゃがんだ姿勢から立ち上がり走る
☆中腰の姿勢から立ち上がり走る

楽曲解説

明治から昭和にかけて文部省が編纂した『尋常小学唱歌』に掲載された楽曲は文部省唱歌として全国的に親しまれ、現在でもうたい継がれている。その中でも幅広い世代の愛唱歌として知られるひとつ。初出は1932年（昭和7年）『新訂尋常小学唱歌（四）』。作詞は杉村楚人冠（すぎむらそじんかん）とする説もある。1968年（昭和43年）6月にNHK『みんなのうた』でも放送され紹介された。

他の曲でもやってみよう

また逢う日まで／赤いランプの終列車／丘を越えて／お富さん／お祭りマンボ

あんたがたどこさ

わらべうた

あんたがたどこさ ひごさ
ひごどこさ くまもとさ
くまもとどこさ せんばさ
せんばやまには
たぬきがおってさ
それをりょうしが
てっぽうでうってさ
にてさ やいてさ くってさ
それをこのはで
ちょいとかぶせ

カラオケなし

体 動く

あんたがたどこさ

「た」「さ」抜きリズム歌にチャレンジ

♪ひと言コメント

昔の遊びで指遊びを準備体操にしてもいいですね。

動作

くぐる

●進め方●

① 最初にみんなでうたいましょう。
② つぎに「た」と「さ」で手拍子を入れます。
③ 手拍子に合わせて、「さ」のところで足で床を鳴らします。
④ 手拍子の代わりに楽器を使ってもできます。
⑤ 最後にもう一度みんなでうたいます。

活動のアドバイス

★ 土地名を替えてうたっても楽しいですね。
（例）
肥後　→　ここ　そこ
熊本　→　東京　大阪
船場　→　多摩　難波　など

高齢者の介護ポイント

くぐる 動作をしてみましょう

☆胸のラインでくぐる

☆腰のラインでくぐる

楽曲解説

日本を代表する「あそび唄（「てまり唄」として知られる）」。鞠をつきながらうたう唄で、熊本県の熊本市に伝承されてきた唄として全国的に知られる。熊本では「肥後手鞠唄」として有名。あらゆる伝承曲の研究は地元の研究家を始め、全国規模で全県の伝承曲を調べている研究家が諸説を発表しており、本楽曲も諸説ある。

他の曲でもやってみよう

サッちゃん／幸せなら手をたたこう／りんごのひとりごと／今年の牡丹／うさぎとかめ

こいのぼり

作詞　近藤宮子
作曲　文部省唱歌

やねよりたかい

こいのぼり

おおきい　まごいは

おとうさん

ちいさい　ひごいは

こどもたち

おもしろそうに

およいでる

カラオケNo.19

体 動く

こいのぼり

ストロー吹き吹き

♪ひと言コメント

「こいのぼり」といえばもう1曲、有名な文部省唱歌がありますね。ぜひどちらもうたってみてください。

動作

持つ

●用意するもの●

曲がるストロー　発泡スチロールの玉

●進め方●

① 曲がるストローの先に切り込みを入れて広げ、発泡スチロールの玉を乗せます。
② 息を吹くと玉がふわふわ浮き上がります。
③ ストローを1本ではなく2本3本加えて、それぞれの場所で玉を浮かせましょう。

活動のアドバイス

★ 玉が少しでも長く浮いているようにチャレンジしましょう。

★ コップに水を入れ、ストローでブクブクと吹く練習をしましょう。水の量を増やしていくことで、吹く力が出てきますよ。

高齢者の介護ポイント

持つ 動作をしてみましょう

☆指で持つ　☆手首で持つ

☆腕で持つ　☆肩で持つ

楽曲解説

近藤宮子の作詞で親しまれている童謡唱歌の名曲。1931年（昭和6年）12月に発刊された『エホンショウカ　ハルノマキ』で発表された。近藤は広島県広島市出身の唱歌作詞家として活躍。「チューリップ」を作詞している。2006年（平成18年）に文化庁と日本PTA全国協議会が選定した「日本の歌百選」の名曲のひとつ。ちなみに、同名異曲の「鯉のぼり」は弘田龍太郎が作曲（作詞者不詳）。

他の曲でもやってみよう

虫のこえ／バラが咲いた／どこかで春が／夏の思い出／シャボン玉

野《の》中《なか》の薔薇《ばら》(野《の》ばら)

訳詞　近藤朔風
作曲　Heinrich Werner

1

童《わらべ》は見《み》たり　野《の》中《なか》の薔薇《ばら》
清《きよ》らに咲《さ》ける　その色《いろ》愛《め》でつ
飽《あ》かずながむ
紅《くれない》におう　野《の》中《なか》の薔薇《ばら》

2

手《た》折《お》りて往《ゆ》かん　野《の》中《なか》の薔薇《ばら》
手《た》折《お》らば手《た》折《お》れ　思出《おもいで》ぐさに
君《きみ》を刺《さ》さん
紅《くれない》におう　野《の》中《なか》の薔薇《ばら》

3

童《わらべ》は折《お》りぬ　野《の》中《なか》の薔薇《ばら》
折《お》られてあわれ　清《きよ》らの色《いろ》香《か》
永《と》久《わ》にあせぬ
紅《くれない》におう　野《の》中《なか》の薔薇《ばら》

物 つくる

野中の薔薇（野ばら）

花の塗り絵を楽しもう

♪ひと言コメント

ドイツ語歌詞の『野ばら』を味わうのもいいですね。聴いてみましょう。

動作

組む

●用意するもの●

塗り絵　色鉛筆

●進め方●

① 最初にみんなでうたいましょう。
② p79のバラの絵をコピーして塗り絵をします。好きな色で塗りましょう。
③ 塗り絵が終わったら円になり、隣の人に回しながらうたいます。
④ また、なぜその色を選んだのかを聞いてみましょう。
⑤ 最後にもう一度みんなでうたいます。

活動のアドバイス

★ 塗り絵は壁に貼るなどして飾りましょう。

★それぞれ感想やコメントを書き込んでもいいですね。

高齢者の介護ポイント

組む 動作をしてみましょう

☆手を組む　☆腕を組む

☆足を組む　☆肩を組む

楽曲解説

ドイツの文豪詩人ゲーテ作の「野ばら（Heidenröslein）」に民謡風のメロディーを作曲した同じドイツの作曲家ハインリッヒ・ヴェルナーの名曲。日本語訳詞は、日本語訳詞の黎明期を開拓した近藤朔風。原詩に忠実な翻訳を心がけ、しかも歌詞としてうたいやすい「日本語訳詞」を確立した名訳詞家。名日本語訳詞には「ジョスランの子守歌」「ローレライ」「菩提樹」「はすの花」などを残している。

他の曲でもやってみよう

秋桜／すみれの花咲く頃／あざみの歌／くちなしの花／黒い花びら

通《とお》りゃんせ

わらべうた

通《とお》りゃんせ　通《とお》りゃんせ

ここはどこの　細道《ほそみち》じゃ

天神《てんじん》さまの　細道《ほそみち》じゃ

ちっと通《とお》して　下《くだ》しゃんせ

御用《ごよう》のないもの　通《とお》しゃせぬ

この子《こ》の七《なな》つの　お祝《いわ》いに

お札《ふだ》を納《おさ》めに　まいります

行《い》きはよいよい　帰《かえ》りはこわい

こわいながらも

通《とお》りゃんせ　通《とお》りゃんせ

カラオケなし

通りゃんせ

体 動く バルーンのレイ飾り

♪ひと言コメント

この曲はミステリアスな解釈が多いようです。参加者に歌の印象を聞いてみましょう。

動作

渡る

●用意するもの●

ツイストバルーン数本（参加人数５人に１本）
バルーン用ポンプ

●進め方●

① 最初にみんなでうたいましょう。
② 図のようにバルーンのリングをつくります。
③ 円陣を組んで座ります。
④ 座っている人の後ろにスタッフが立ち、１人ひとりの首にバルーンをかけて外します。これを繰り返しながら順番に回ります。
⑤ 最後にもう一度みんなでうたいます。

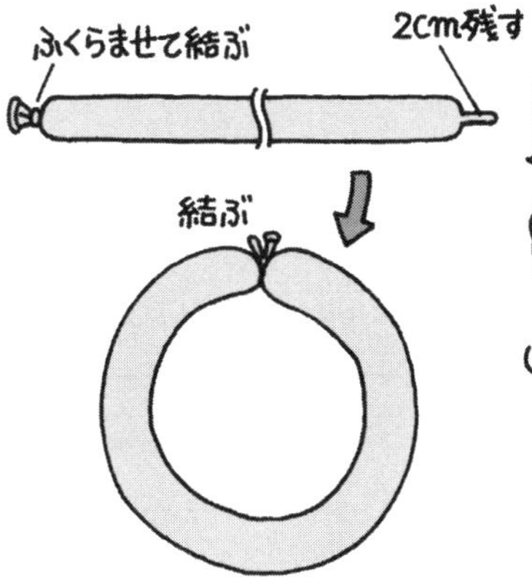

活動のアドバイス

★「せ」「じゃ」の時に、手拍子や足踏みをしてみましょう。

★ラウンドバルーン（丸風船）を使えば隣の人に送るリレーもできます。

高齢者の介護ポイント

渡る 動作をしてみましょう

☆割竹の上を渡る

☆大きな石の上を渡る

楽曲解説

江戸時代に原型が出来あがり、その当時から伝承されてきた「わらべうた」のひとつ。神奈川県（小田原市）や、埼玉県（川越市）など発祥の地が諸説あり、土地土地で歌詞や旋律にも変化が見られるという伝えもある。「わらべうた」ではあるが、野口雨情が作詞に手を加えている（または作詞）、本居長世が作曲・編曲を施している、などなど、歴史を調べるとさらに親しみがわいてくる。

他の曲でもやってみよう

うれしいひなまつり／かもめの水兵さん／お正月／たなばたさま／村祭り

砂山《すなやま》

作詞　北原白秋
作曲　中山晋平

1

海《うみ》は荒《あら》海《うみ》　向《むこ》うは佐《さ》渡《ど》よ
すずめ啼《な》け啼《な》け　もう日《ひ》は暮《く》れた
みんな呼《よ》べ呼《よ》べ　お星《ほし》さま出《で》たぞ

2

暮《く》れりゃ砂山《すなやま》　汐《しお》鳴《な》りばかり
すずめちりぢり　また風《かぜ》荒《あ》れる
みんなちりぢり　もう誰《だれ》も見《み》えぬ

3

かえろかえろよ　茱《ぐ》萸《み》原《はら》わけて
すずめさよなら　さよなら　あした
海《うみ》よさよなら　さよなら　あした

砂山

物 つくる

コロコロCD

♪ひと言コメント

歌の印象や感想を聞いてみましょう。作詞家の別の曲の歌詞にも話を発展させましょう。

動作

乗る

●用意するもの●

CD5枚　接着剤

●進め方●

① CD５枚を接着剤で貼り合わせて重ね、厚くします。

② スタートラインを決め、CDを立ててまっすぐに転がします。

③ 数人で行うと距離が延びて、競争ができます。

活動のアドバイス

★ 倒さずにスタートさせるには、指先の力加減が大切です。いろいろな厚みの広告や新聞をちぎる動作が指の運動になり、指の力がつきます。これを遊びにも取り入れることができます。

高齢者の介護ポイント

乗る 動作をしてみましょう

☆台の上に乗る

☆椅子の上に乗る

☆座布団の上に乗る

楽曲解説

北原白秋の作詞、中山晋平の作曲で、1922年（大正11年）に発刊された雑誌『小学女生』９月号で発表。同年6月に北原は新潟県で開催された『童謡音楽会』に招待され、2000人を越える小学生に熱烈歓迎されて、「同地にちなんだ歌を！」と小学生たちの願いをかなえて誕生した名曲。作曲は中山晋平に依頼。同名異曲で同じ北原の作詞に、日本を代表する名作曲家・山田耕筰が作曲している。

他の曲でもやってみよう

アカシアの雨がやむとき／誰もいない海／雨の慕情／おまえに／今日でお別れ

あめふり

作詞　北原白秋
作曲　中山晋平

1

あめあめ ふれふれ かあさんが
じゃのめで おむかい うれしいな
ピッチピッチ チャップチャップ
ランランラン

2

かけましょ かばんを かあさんの
あとから ゆこゆこ かねがなる
ピッチピッチ チャップチャップ
ランランラン

3

あらあら あのこは ずぶぬれだ
やなぎの ねかたで ないている
ピッチピッチ チャップチャップ
ランランラン

4

かあさん ぼくのを かしましょか
きみきみ このかさ さしたまえ
ピッチピッチ チャップチャップ
ランランラン

5

ぼくなら いいんだ かあさんの
おおきな じゃのめに はいってく
ピッチピッチ チャップチャップ
ランランラン

カラオケ No. 22

体 動く

あめふり

雨の音に乗ってうたおう

♪ひと言コメント

歌詞の3·4行目は立ち上がり、「前·後・前前前」とステップを踏んでみましょう。

動作

歩く

●用意するもの●

ツイストバルーン人数分　バルーン用ポンプ　お米またはビーズ（1人カレースプーン1杯分）

●進め方●

① 最初にみんなでうたいましょう。

② バルーンで雨の音をつくります。

A　ふくらませる前のバルーンにお米（ビーズ）を入れます。

B　バルーンの先を2cm残して長くふくらませ、口を結びます。

③ バルーンを鳴らす歌詞の行を決めて、バルーンスティックを鳴らしながらうたいます。

④ 最後にもう一度みんなでうたいます。

活動のアドバイス

★ 元気よく足踏みしながらうたってみましょう。

★ 雨の音だけでなく、水の音、波の音などが出る道具を探して組み合わせてみましょう。

高齢者の介護ポイント

歩く 動作をしてみましょう

☆速度を決めて歩く

☆その場所で歩く（足踏み）

☆歩いて動く

楽曲解説

北原白秋の作詞、中山晋平の作曲で、1925年（大正14年）に発刊された児童雑誌『コドモノクニ』11月号で発表。北原は詩人、童謡作家、歌人として活躍し、「ゆりかごのうた」「からたちの花」「この道」「城ヶ島の雨」などを、中山は作曲家として活躍し、「こがね虫」「肩たたき」「砂山」「てるてる坊主」などを創作。2006年（平成18年）に文化庁と日本PTA全国協議会が選定した「日本の歌百選」の名曲のひとつ。

他の曲でもやってみよう

忘れな草をあなたに／夜明けのスキャット／夢追い酒／二人は若い／与作

村《むら》の鍛冶屋《かじや》

作詞　文部省唱歌
作曲　文部省唱歌

1

しばしも止《や》まずに　槌《つち》うつひびき
飛散《とびち》る火《ひ》の花《はな》　はしる湯玉《ゆだま》
ふいごの風《かぜ》さえ　息《いき》をもつがず
仕事《しごと》に精出《せいだ》す　村《むら》の鍛冶屋《かじや》

2

あるじは名高《なだか》き　いっこく老爺《おやじ》
早起早寝《はやおきはやね》の　病知《やまいし》らず
鉄《てつ》より堅《かた》しと　ほこれる腕《うで》に
勝《まさ》りて堅《かた》きは　彼《かれ》がこころ

村の鍛冶屋

物 つくる

季節のマラカス

●用意するもの●

ペットボトル350ml・500ml 1人各1本
果物の種・米・豆など

●進め方●

① ペットボトルのラベルをはがしてきれいに洗い、完全に乾かします。
② ボトルに入れる中身を選び、底から3cmまで入れます。
③ ここで軽く振ってみて、音が出るか確認します。
④ 確認できたら完成です。音が小さければ量を増やしてください。

♪ひと言コメント

四季を通じて使えるので、季節の素材を取り入れて歌や演奏を楽しみましょう。

動作

ぶら下がる

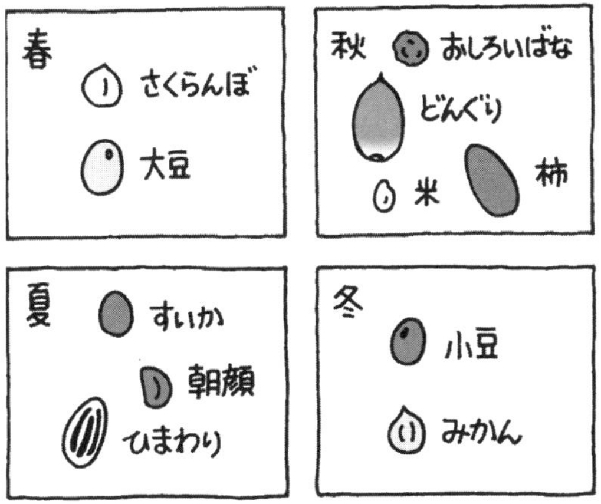

活動のアドバイス

★ 季節の種を選びましょう。
　春…さくらんぼ・大豆
　夏…すいか・朝顔・ひまわり
　秋…おしろいばな・どんぐり・柿・米
　冬…小豆・みかん

高齢者の介護ポイント

ぶら下がる 動作をしてみましょう

☆縦の手すりにぶら下がる
☆横の手すりにぶら下がる
☆座って足を伸ばし、腕でぶら下がる

楽曲解説

1912年（大正元年）12月に発刊された『尋常小学唱歌（四）』に初出された文部省唱歌（作詞者・作曲者ともに不詳で、歌詞も発刊時代によって改訂されている）。長年に渡ってうたい継がれている名唱歌のひとつ。農作業に必要な道具を製作する鍛冶屋の作業場での槌音を立てて働く様子をうたっている。時代も変化して農機具の機械化により、次第に教科書から消えた名曲となった。

他の曲でもやってみよう　旅人よ／氷雨／芭蕉布／ふたりの大阪／星のフラメンコ

証城《しょうじょう》寺《じ》の狸《たぬき》囃《ばや》子《し》

作詞　野口雨情
作曲　中山晋平

1

しょう しょう しょうじょうじ
しょうじょうじの 庭《にわ》は
つ つ 月夜《つきよ》だ
みんなでて こいこいこい
おいらの 友《とも》だちゃ
ポンポコポンのポン

まけるな まけるな
おしょうさんに まけるな
こいこいこい こいこいこい
みんなでて こいこいこい

2

しょう しょう しょうじょうじ
しょうじょうじの 萩《はぎ》は
つ つ 月夜《つきよ》に 花《はな》ざかり
おいらは うかれて
ポンポコポンのポン

カラオケNo.24

物 つくる

証城寺の狸囃子

変わり目サイコロゲーム

♪ひと言コメント

打楽器などを使い、リズミカルに歌を盛り上げましょう。

動作

登る

●用意するもの●

厚紙　イラスト6種類　のりまたは両面テープ

●進め方●

① 最初にみんなでうたいましょう。
② 図のように、厚紙で1辺8cmのサイズでサイコロをつくります。p78の型紙を拡大コピーして厚紙に貼ってもよい。
③ 組み立てる前に、マス目にイラストを貼っておきます。イラストは手描きするか、p79の型紙をコピーしてもよい。
　(例)動物・花・数字・模様・食べ物・歌に出てくる物や人　など
④ 組み立てたら、のりか両面テープで固定します。
⑤ 最後にもう一度みんなでうたいます。

活動のアドバイス

★ つくる人・絵を描く（貼る）人・考える人・サイコロを振る人と、いろいろな分担ができますので楽しんでみましょう。

★ 変わり目サイコロは創造力・集中力が豊かになります。

高齢者の介護ポイント

登る 動作をしてみましょう

☆階段を登る

☆階段を１段とばしで登る

☆台に登る

楽曲解説

野口雨情の作詞、中山晋平の作曲で発表。詩人、童謡・民謡の作詞家として活躍した野口が、千葉県木更津市の證誠寺に伝わる「狸囃子伝説」を題材にして1924年（大正13年）に発刊された児童雑誌『金の星』12月号で詩を発表し、翌1925年（大正14年）同誌の1月号で中山が曲をつけて発表。野口は「七つの子」「赤い靴」「シャボン玉」、中山は「砂山」「てるてる坊主」などを残している。

他の曲でもやってみよう

二輪草／花は咲く／よこはまたそがれ／星降る街角／舟唄

みどりのそよ風《かぜ》

作詞　清水かつら
作曲　草川信

1

みどりのそよ風《かぜ》　いい日《ひ》だね
ちょうちょもひらひら　まめの花《はな》
なないろばたけに　妹《いもうと》の
つまみ菜《な》摘《つ》む手《て》が　かわいいな

2

みどりのそよ風《かぜ》　いい日《ひ》だね
ぶらんこゆりましょ　歌《うた》いましょ
巣箱《すばこ》の丸窓《まるまど》　ねんねどり
ときどきおつむが　のぞいてる

カラオケはここまで。この先も続けてうたいましょう

3

みどりのそよ風《かぜ》　いい日《ひ》だね
ボールがぽんぽん　ストライク
打《う》たせりゃ二塁《にるい》の　すべり込《こ》み
セーフだおでこの　汗《あせ》をふく

カラオケNo.25

物 つくる

みどりのそよ風

ハンガーバドミントン

♪ひと言コメント

うたったり、動いたり、演奏したり、何かをプラスしてみるのもいいですね。

動作

引く

●用意するもの●

針金ハンガー　ラップ　ティッシュ

●進め方●

① 最初にみんなでうたいましょう。
② 図のようにハンガーを曲げてひし形にします。
③ 広げた面にラップをピンと張ります。ラケットはこれででき上がりです。
④ 羽は、ティッシュを2枚丸めたものや、ピンポン玉などの軽いものを使うとよいでしょう。
⑤ 羽を打って遊びましょう。
⑥ 最後にもう一度みんなでうたいます。

活動のアドバイス

★ 羽はラップに張りつくようなゴム製品を使うと、抵抗量が強くなり大変ですが、遊びながらいい運動になりそうですね。

★ 羽を打ち上げながら、スタートラインとゴールを決めてみんなで競争しましょう。

高齢者の介護ポイント

引く 動作をしてみましょう

☆物を引く　☆２人で引きあう

☆下から上に引く　☆奥から手前に引く

楽曲解説

清水かつらの作詞、草川信の作曲で、1948年（昭和23年）1月にNHKラジオで放送されたのが初出。春の季節を描いた作品で、のどかな作詞と牧歌的な旋律が特徴。清水は童謡詩人として活躍し、「靴が鳴る」「叱られて」「あした」「雀の学校」などを、草川は作曲家として活躍し、「ゆりかごの唄」「夕焼け小焼け」「春のうた」「どこかで春が」などを創作。

他の曲でもやってみよう

河内おとこ節／祇園小唄／北帰行／熱き心に／五木の子守唄

きよしこの夜《よる》

日本語詞　由木康
作曲　Franz Gruber

1

きよしこの夜《よる》　星《ほし》はひかり

（まぶねのなかに）

救《すく》いのみ子は　み母《はは》のむねに

（いとやすく）

ねむりたもう　ゆめやすく

2

きよしこの夜《よる》　みつげうけし

（まきびとたちは）

羊《ひつじ》飼《か》いらは　みこのみまえに

ぬかずきぬ　かしこみて

カラオケNo.26

きよしこの夜

体 動く

楽団をつくろう

♪ひと言コメント

日本語詞・英詞ともよく知られクリスマスにうたわれますが、四季を問わずうたえる讃美歌です。

動作

起きる

●用意するもの●

ペットボトルマラカス・ふたマラカス・ボンボン・竹の棒(p75プイリ参照)など

●進め方●

① 最初にみんなでうたいましょう。
② 全員で、1曲通してリズム合わせをしてみます。
③ パートごとに分かれて音出しをします。
④ 楽器の担当を決めて発表してみましょう。
⑤ 最後にもう一度みんなでうたいます。

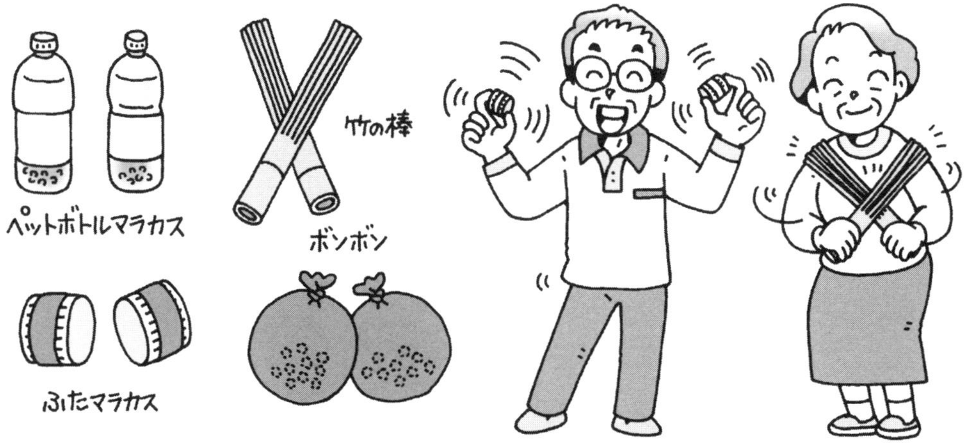

活動のアドバイス

★ さまざまな手づくり楽器を使い、歌や音楽に合わせてリズムをとりましょう。

★ 季節の曲を取り入れるといいですね。

高齢者の介護ポイント

起きる 動作をしてみましょう

☆寝た状態から足を伸ばして起きる

☆座位から足を曲げたままで起きる

楽曲解説

19世紀に活躍したオーストリアの小学校教師・音楽家・教会オルガン奏者のフランツ・クサーヴァー・グルーバーが教会に集まる信者たちと楽しくうたえる「クリスマス・キャロル（クリスマス用讃美歌）」として、親友の司祭ヨーゼフ・モールと相談して作曲した。日本語詞は牧師で讃美歌作家として活躍した由木康。日本の讃美歌発展の中心的な役割と活躍をした。

他の曲でもやってみよう

ユー・アー・マイ・サンシャイン／エーデルワイス／ムーンライト・セレナーデ／ホワイト・クリスマス／ダイアナ

兎《うさぎ》のダンス

作詞　野口雨情
作曲　中山晋平

1

ソ　ソラ　ソラ　ソラ
兎《うさぎ》のダンス
タラッタ　ラッタ　ラッタ
ラッタ　ラッタ　ラッタラ
脚《あし》で蹴《け》り蹴《け》り
ピョッコ　ピョッコ　踊《おど》る
耳《みみ》に鉢巻《はちまき》
ラッタ　ラッタ　ラッタラ

2

ソ　ソラ　ソラ　ソラ
可愛《かわい》いダンス
タラッタ　ラッタ　ラッタ
ラッタ　ラッタ　ラッタラ
とんで跳《は》ね跳《は》ね
ピョッコ　ピョッコ　踊《おど》る
脚《あし》に赤靴《あかぐつ》
ラッタ　ラッタ　ラッタラ

兎のダンス

体 動く　ヘッドボール

♪ひと言コメント

「ソ」「タ」「ラ」「ピョ」の言葉がつぎつぎに出てきますので、口腔体操になりそうですね。しっかり発音・発声をしましょう。

動作

浮く

●用意するもの●

同じサイズの段ボール箱９個(深めのものがよい)
ガムテープ　ボール

●進め方●

① 図のように９個の段ボールをつなげてゴールをつくります。
② 箱の中に点数を書いた紙を入れておきます(投げる参加者に見えないように)。比較的入れやすい場所があるので、無作為に点数を配分したほうがよいでしょう。
③ ゴールを45度程度に傾けます。立ち位置を決めて、ボールを頭の上で持ち、両手でボールを箱の中に投げ入れます。

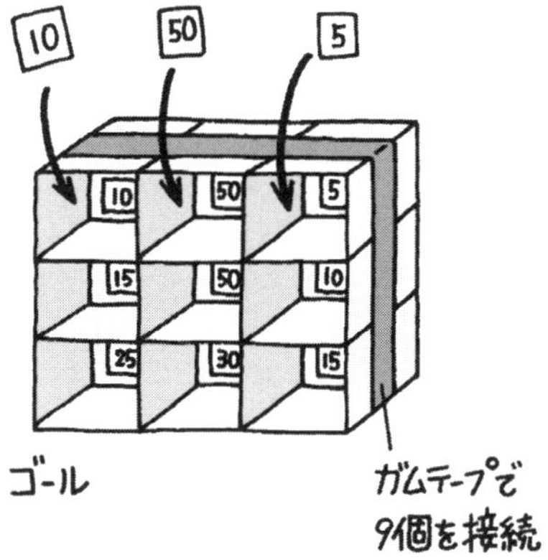

活動のアドバイス

★ ボールを的にシュートします。ビーチボール・テニスボール・風船などいろいろなボールを投げて遊びましょう。

高齢者の介護ポイント

浮く 動作をしてみましょう

☆水の上で浮く
☆お風呂の中で足を浮かせる
☆お風呂の中で腕を浮かせる

楽曲解説

野口雨情の作詞、中山晋平の作曲で1924年（大正13年）に発表。野口は詩人、童謡・民謡作詞家として活躍し、北原白秋、西條八十とともに「童謡界の三大詩人」と謳われた文豪。「十五夜お月さん」「七つの子」「赤い靴」などを創作。中山は童謡・流行歌・新民謡などあらゆるジャンルで名曲の数々を残している。また作品は多岐に渡り、社歌や校歌なども含め、現存する作品だけで1700曲を越している。

他の曲でもやってみよう

青葉城恋唄／いい日旅立ち／世界に一つだけの花／裏町人生／命くれない

靴《くつ》が鳴《な》る

作詞　清水かつら
作曲　弘田龍太郎

1

お手《てて》つないで　野道《のみち》を行《ゆ》けば
みんな可愛《かわ》い　小鳥《ことり》になって
唄《うた》をうたえば　靴《くつ》が鳴《な》る
晴《は》れたみ空《そら》に　靴《くつ》が鳴《な》る

2

花《はな》をつんでは　お頭《つむ》にさせば
みんな可愛《かわ》い　うさぎになって
はねて踊《おど》れば　靴《くつ》が鳴《な》る
晴《は》れたみ空《そら》に　靴《くつ》が鳴《な》る

カラオケ No.28

靴が鳴る

強い物ゲーム

♪ひと言コメント

明るく元気が出るメロディです。外へ出て、自然に親しみながら楽しめますね。

動作

倒す

●用意するもの●

草の茎や葉など（自然素材）

●進め方●

① 最初にみんなでうたいましょう。
② 外へ出て材料を見つけます。遊ぶのは外でも室内でもかまいません。強さを競いましょう。
③ ティッシュで紙ヨリをつくり競ってみましょう。引き相撲をします。切れたほうが負けです。
④ 水に紙ヨリを浸し、早くほどけたほうが負けです。
⑤ 丈夫な草はしっかり握り、弱めな草は切れやすいので軽く指先で摘まんで勝負しましょう。
⑥ 最後にもう一度みんなでうたいます。

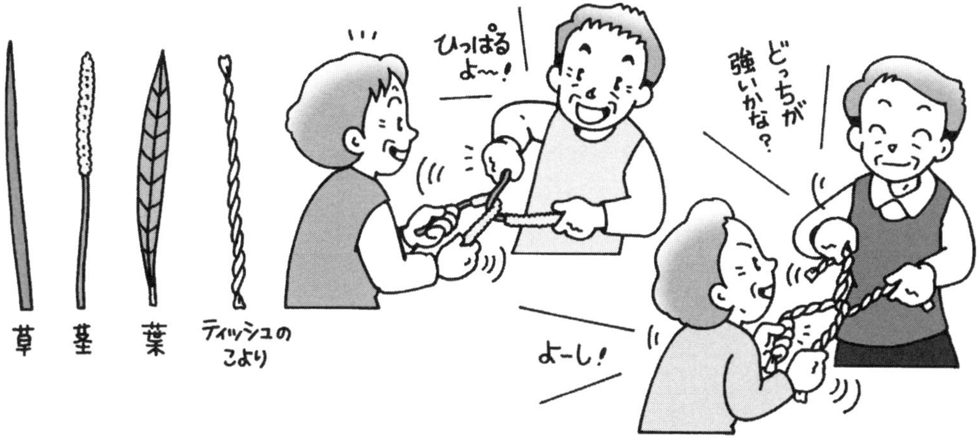

活動のアドバイス

★ つまんだり握ったりする動きは、遊びながら運動になっています。日常生活の中では、下着やズボンを履く時の上げる動きと同じなんですよ。

高齢者の介護ポイント

倒す 動作をしてみましょう

☆指でドミノ倒し

☆上半身で本を倒す

☆全身で椅子を倒す

楽曲解説

作詞は清水かつら、作曲は弘田龍太郎で、1919年（大正８年）に発刊された雑誌『少女号』11月号で発表された。小さな子どもたちが手をつなぎながら楽しく道を散歩して、靴音を鳴らす情景と、さらにウサギや小鳥になった楽しげな風景を描いている。2006年（平成18年）に文化庁と日本PTA全国協議会が選定した「日本の歌百選」の名曲のひとつ。

他の曲でもやってみよう

なごり雪／涙の季節／星の流れに／水色のワルツ／麦と兵隊

仲《なか》よし小《こ》道《みち》

作詞　三苫やすし
作曲　河村光陽

1

仲《なか》よし小《こ》道《みち》は　どこの道《みち》
いつも学校《がっこう》へ　みよちゃんと
ランドセル背負《しょ》って　元気《げんき》よく
お歌《うた》をうたって　通《かよ》う道《みち》

2

仲《なか》よし小《こ》道《みち》は　うれしいな
いつもとなりの　みよちゃんが
にこにこあそびに　かけてくる
なんなんなの花《はな》　匂《にお》う道《みち》

3

仲《なか》よし小《こ》道《みち》の　小川《おがわ》には
とんとん板橋《いたばし》　かけてある
仲《なか》よく並《なら》んで　腰《こし》かけて
お話《はなし》するのよ　たのしいな

4

仲《なか》よし小《こ》道《みち》の　日《ひ》ぐれには
母《かあ》さまお家《うち》で　お呼《よ》びです
さよならさよなら　また明日《あした》
お手《て》手《て》をふりふり　さようなら

仲よし小道

物 つくる

ふたマラカス

♪ひと言コメント

歌をうたいながら体を動かしましょう。足踏みや足鳴らしなどの下半身の運動に合うリズムです。

動作

逆立ち

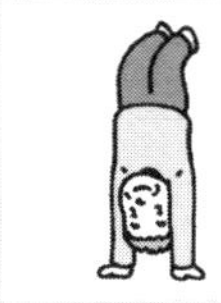

●用意するもの●

ペットボトルのふた　ビニールテープ

季節の種・米・小豆など

●進め方●

① ふたとふたを合わせてサイズの確認をします。

② 入れる中身を選び、片方のふたに入れて再度合わせます。

③ そこで軽く振り、音が聞こえるか確認します。

④ 確認できたらビニールテープで2つのふたを貼り合わせます。

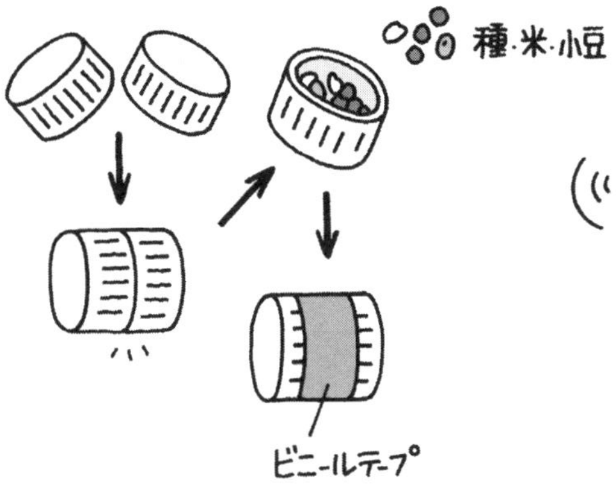

活動のアドバイス

★ 入れるものを替えて季節感を味わいましょう。

★ 外へ目が向くことで引きこもりを防ぎます。つまむ・握る動作が運動になると同時に脳の刺激にもなるので、認知症の予防にもなります。

高齢者の介護ポイント

逆立ち 動作をしてみましょう

☆壁で逆立ち

☆でんぐり返し

☆３点逆立ち

楽曲解説

三苫やすしは福岡県出身で、教鞭をとりながら詩人、童謡作詞家として活動した。1939年（昭和14年）に雑誌『ズブヌレ雀』1月号に投稿した「仲よし小道」の詩が、昭和期の戦前から戦中にかけて活躍し「ほろほろ鳥」「グッドバイ」「うれしいひなまつり」「かもめの水兵さん」などの名曲を残した作曲家の河村光陽の目にとまり、同年にキングレコードからレコード化されて大ヒットした。

他の曲でもやってみよう

真夜中のギター／夜のプラットホーム／わたしの城下町／365歩のマーチ／雨の御堂筋

アロハ・オエ

作詞 Queen Lydia Liliuokalani
作曲 Queen Lydia Liliuokalani

Ha`aheo《ハアヘオ》 e《エ》 ka《カ》 ua《ウア》 i《イ》 nâ《ナ》 pali《パリ》
Ke《ケ》 nihi《ニヒ》 a`ela《アイラ》 i《イ》 ka《カ》 nahele《ナヘレ》
E《エ》 hahai《ハハイ》 ana《アナ》 paha《パハ》 i《イ》 ka《カ》 liko《リコ》
Pua《プア》 `âhihi《アヒヒ》 lehua《レフア》 o《オ》 uka《ウカ》

Aloha《アロハ》 `oe《オエ》, aloha《アロハ》 `oe《オエ》
E《エ》 ke《ケ》 onaona《オナオナ》 noho《ノホ》 i《イ》 ka《カ》 lipo《リポ》
One《ワン》 fond《ファンド》 embrace《エンブレイス》,
A《ア》 ho`i《ホイ》 a`e《アエ》 au《アウ》
Until《アンティル》 we《ウィ》 meet《ミート》 again《アゲイン》

アロハ・オエ

物 つくる

竹の楽器づくり

♪ひと言コメント

アロハ語はローマ字読みに似ていますので、読みやすいと思います。

動作

泳ぐ

●用意するもの●

竹(握って持てる太さ)　竹を切る道具

●進め方●

① 竹を長さ50cmほどに切ります。先端から4分の3程度を細く裂きます。

② 両手に1本ずつ持ち、先端部分を胸の前や頭の上でクロスして打ち鳴らします。

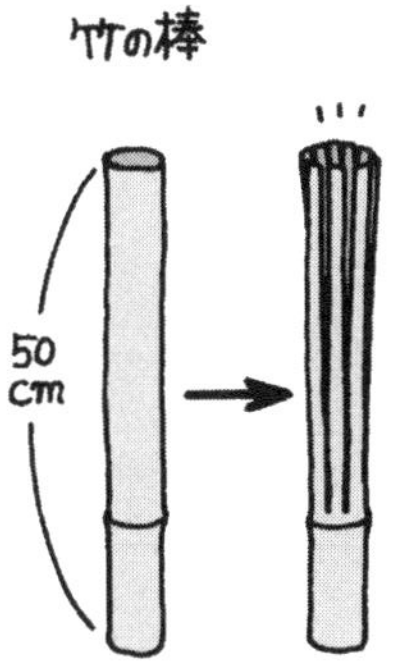

フラ楽器で多く利用されるプイリ。竹の先が分かれていて、体に打ち当てることでシャンシャンと軽快な音をたてます。曲に合わせて音を出してみましょう。

活動のアドバイス

★ 手を使う作業を楽しみ、音を五感で感じましょう。

★ いろいろな場所で交差して叩きましょう。(例) 胸の前で、頭の上で、体の左右で、もも上で、前の人と　など

高齢者の介護ポイント

泳ぐ 動作をしてみましょう

☆バタ足で泳ぐ（クロール）

☆歩きながら手を動かす

☆平泳ぎ　　☆背泳ぎ

楽曲解説

ハワイ音楽の王道であり、世界中で広く親しまれている名曲中の名曲。リリウオカラニ（1838年［天保9年］9月2日ー1917年［大正6年］11月11日）は、ハワイ王国第8代女王（最後のハワイ王）であり、1878年（明治11年）に作詞・作曲した「アロハ・オエ」の作者として知られる。1895年（明治28年）に楽譜が出版され販売されるとミリオンセラー（100万部以上の売上）となった。

他の曲でもやってみよう

コーヒー・ルンバ／ブルー・ハワイ／真珠貝の歌／南国の夜／トゥ・ユー・スイートハート・アロハ

全国から集まった10000人の好きな歌
——アンケートが終わるまで——

看護師として高齢者に関わってきた私が音楽レクリエーションをするならば、「おじいちゃん・おばあちゃんに好きな歌を直接聞いてから」という思いがありました。今回、全国の大勢の方の助けをお借りしてそれが叶いました。10000人の高齢者の声から多くの票を得た「好きな歌」は、どの曲も心に響く歌であることは間違いありません。

将来、介護現場は認知症や高齢化のみならず、脳血管疾患の障害からくる運動機能障害（麻痺）・感覚障害・言語障害・記憶障害・情緒障害など、リハビリ目的の利用が増えると考えられます。これを踏まえ、幅広い世代が好むものを選べる力量を兼ね備えることが提供者には必要な条件になります。膨大な数の歌がありますから、仕事とはいえ知らない歌を学ぶことは大変な苦労でしょう。提供者にも年代差ができ、若くは20代から上は70代近い方で構成される現場が実状です。まずは若い世代の提供者のみなさんに、高齢者が好む歌を知ってほしいと思います。好きな歌で楽しい時間を過ごしてもらえるような支援を、介護や歌の現場で提供してください。

選ばれた歌に込められているたくさんの想いを活用してくださることを願いながら、これからもアンケートは各地で続きます。全国にいる「高齢者の好きな歌を考える仲間たち」のみなさん、本当にありがとうございました！　この場をお借りしてお礼を申し上げます。

全国から集まった10000人の声です。

アンケート集計（%）

＊男女比／10000人

男	42.40%
女	43.11%
不明	14.48%

＊年代別比／10000人

60歳代	22.13%
70歳代	43.85%
80歳代	14.74%
90歳代	4.79%
不明	14.46%

★順位には70歳代の声が多く反映されています。
★「不明」は男女や年代が記載されていなかったもの。
★100人では集計票がバラバラで順位が付けられませんでした。
★1000人になると上位は見えてきたものの票数に欠けました。
★5000人になると上位が確定しつつあり、1位2位は票数を増やしていき差が出てきました。
★7000人では、100人程度の聞きとりを行うと1位2位曲が入っていることがわかりました。

必要な体の動き36

・年齢、体調、具合に合わせてできることをしてみましょう。
・できた、できない、達成日などを記入して体力の有無を知る目安にしましょう。

蹴る

達成感　1 2 3 4 5

つかむ

達成感　1 2 3 4 5

打つ

達成感　1 2 3 4 5

取る

達成感　1 2 3 4 5

滑る

達成感　1 2 3 4 5

渡す

達成感　1 2 3 4 5

跳ぶ

達成感　1 2 3 4 5

立つ

達成感　1 2 3 4 5

回る

達成感　1 2 3 4 5

投げる

達成感　1 2 3 4 5

振る

達成感　1 2 3 4 5

当てる

達成感　1 2 3 4 5

押す

達成感　1 2 3 4 5

押さえる

達成感　1 2 3 4 5

こぐ

達成感　1 2 3 4 5

はねる

達成感　1 2 3 4 5

はう

達成感　1 2 3 4 5

掘る

達成感　1 2 3 4 5

乗る

達成感　1 2 3 4 5

渡る

達成感　1 2 3 4 5

組む

達成感　1 2 3 4 5

持つ

達成感　1 2 3 4 5

くぐる

達成感　1 2 3 4 5

走る

達成感　1 2 3 4 5

支える

達成感　1 2 3 4 5

積む

達成感　1 2 3 4 5

運ぶ

達成感　1 2 3 4 5

泳ぐ

達成感　1 2 3 4 5

逆立ち
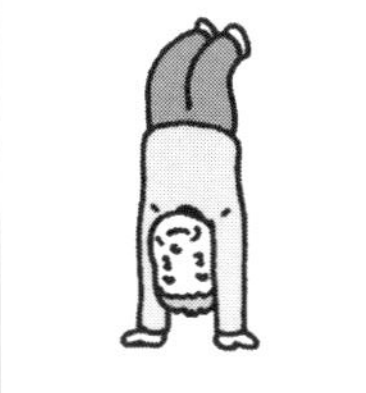
達成感　1 2 3 4 5

倒す

達成感　1 2 3 4 5

浮く
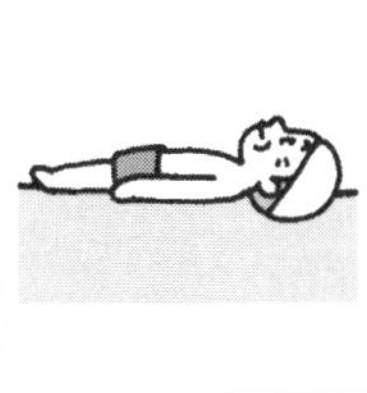
達成感　1 2 3 4 5

起きる

達成感　1 2 3 4 5

引く

達成感　1 2 3 4 5

登る

達成感　1 2 3 4 5

ぶら下がる

達成感　1 2 3 4 5

歩く

達成感　1 2 3 4 5

イラスト型紙

サイコロ

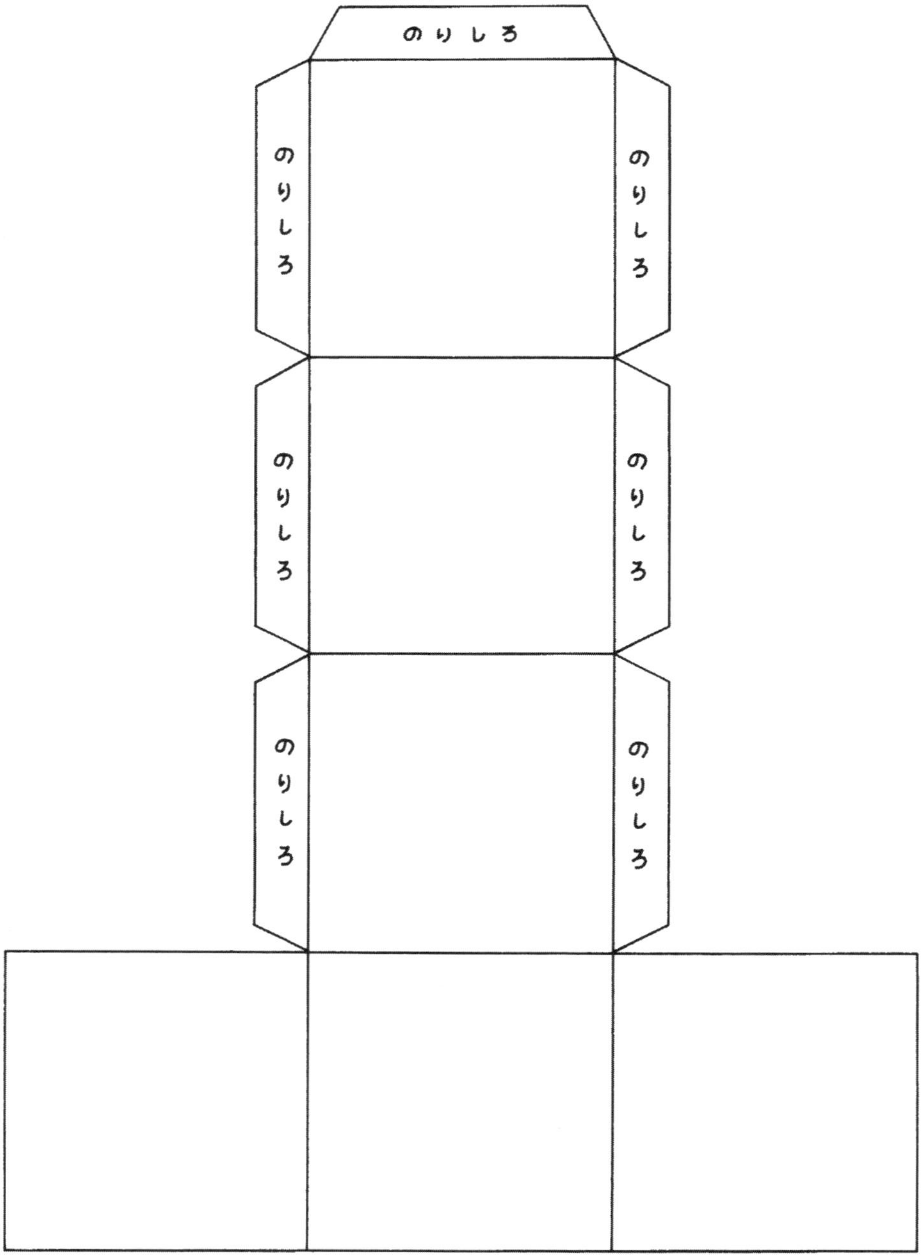

※1辺8cmにするには200%拡大してください。

※用途に合わせて拡大縮小してください。

PROFILE

大石亜由美（おおいし　あゆみ）

東京都生まれ。聖マリアンナ医科大学付属看護専門学校を卒業後、看護師の仕事に従事。バルーンアートとの出会いを生かし、高齢者の「バルーンリハビリ」を考案。現在は、高齢者アクティビティ「QOL・生きがいを感じる毎日」のプランニングを介護の現場のスタッフに伝えている。また、高齢者と赤ちゃんの交流の場を「赤ちゃんの木育広場・木育寺子屋」で開催。地域での多世代交流を多岐方面から取り入れ、活動の現場を広げている。

【著書】『教室・校庭・行事を飾る　カラフルバルーンアート』『子どもと楽しむバルーンアート』『バルーン ミニ飾り・遊び』『バルーンリハビリ　高齢者の体と心の風船機能トレーニング』『高齢者の毎日できる転倒予防運動』『高齢者の毎日できる指遊び・手遊びで機能訓練』『高齢者の音育アクティビティ』『高齢者10000人が選んだうたいたい歌　心にしみる懐かしの歌・四季の歌』（いずれも いかだ社）

【全国アンケート　協力者のみなさま】

【北海道】小野寺由華（ひなたぼっこ風船代表）／さくちー【岩手県】赤坂あけみ（0歳児からのおやこ教室 tetoteto ☆）／紺野真理子（障がい者 & 介護予防 Iwate yoga）【宮城県】赤坂あけみ（0歳児からのおやこ教室 tetoteto ☆）／佐藤了子／さくちー【秋田県】看護師【山形県】病院勤務看護師【福島県】赤坂あけみ（0歳児からのおやこ教室 tetoteto ☆）【栃木県】病院勤務看護師／地域の方【茨城県】病院勤務看護師／地域の方【千葉県】池田（看護師）／ YAMA（会社員）／医師【群馬県】看護師【埼玉県】SHI（会社員）／看護師【神奈川県】柏有夏（占いサロンミント）／訪問理学療法士／デイサービス看護師／デイサービス介護福祉士／彩佳（カラーアナリスト）／元サラリーマン男性／川崎の地域の方々／ MA（高齢者「唱歌を歌う会」）【東京都】臼井玲華（看護師）／多摩市クリニック通院患者／多摩市永山いきがいデイサービスセンターよりあい／多摩市諏訪いきがいデイサービスセンターみのり／近藤真由（BTRD 音楽スタッフ）／ KUMIKO（音楽スクール代表）／坂本美智代（サンシティ町田）／大江緑／町田市N先生／老人施設利用者／老人病棟看護師／地域サロン／地域病院／介護施設看護師／介護支援相談員／民生委員／クリニック勤務看護師／児童厚生員／老健施設介護支援相談員／地域の方【山梨県】佐々木（看護師）／地域の方【長野県】みやちゃん（デイサービス介護福祉士）／森角志保（デイサービス看護師）／ KYOKO（歌手・歌教室講師）／病院勤務看護師【新潟県】近藤真由（BTRD 音楽スタッフ）【富山県】看護師【福井県】たけちゃん（看護師）／看護師【石川県】841 ／看護師【静岡県】えんちゃんと地域の方／多摩市のなっちゃん（皮膚科勤務看護師）【愛知県】YOSHI（J 会社員）／作業療法士／看護師【岐阜県】和田耕治（NPO 法人大垣市レクリエーション協会理事長）／大垣市青年の家・デイサービス・老人健康施設の方・生涯学習センターサークル利用者／看護師【三重県】うかちゃん（元看護師）／看護師／ KOU（会社員）【滋賀県】KADO（看護師）／看護師【奈良県】知人／西本（看護師）／レントゲン技師【和歌山県】病院勤務事務／看護師【大阪府】田中礼子（バルーンリハビリ）／ろびろび／大和しのぶ（看護師）／さと（消防士）／呉本（総合病院看護師）【京都府】臼井玲華（看護師）／樋口智恵（看護師）／塚田よし子（田中デイサービスセンター）／杉村順子（看護師）／おばあちゃん／奥村先生／美容師／看護学生／かわちゃん（ヘルパー）／京子おばあちゃん（自営業）／クラブオーナー／ SAKU（主婦）／宮大工／保育園園長／小学校教員／マラソン愛／石（英会話）／谷（ランナーズ）／婦人カラオケサークル／社交ダンスまつおじさん／ RIN（ケアマネージャー）／齋（自営業）／じんちゃん（透析看護師）／ＩＴ／ TAKA（病院事務）／はるちゃん（看護師）／かっちゃん（訪問看護師）／岸本（コーラスグループ）【兵庫県】バルーンアーティストＳ／看護師【鳥取県】看護師【岡山県】樋口智恵（看護師）【島根県】大学教授／看護師【広島県】JA 三次デイサービスやすらぎ館／デイサービスとまと／看護師【山口県】看護師【香川県】看護師【徳島県】看護師【愛媛県】大学教員／看護師【高知県】病棟看護師【福岡県】鎌田隆（陽だまり木工所）／かいみ（看護師）／看護師【大分県】ダイトさん／看護師【佐賀県】看護師／医師【長崎県】大学看護部教員／看護師【熊本県】今福恵美（看護師）【宮崎県】病棟看護師【鹿児島県】看護師／老人施設長／地域の方【沖縄県】きんちゃん（看護師）／病院勤務看護師

★都道府県全国アンケート依頼の仕掛け人　　臼井玲華（看護師）

★都道府県全国アンケート 10000 人の集計人　　坂井里香

【参考図書・サイト】

『すぐに使える手話パーフェクト辞典』（ナツメ社）

『日本抒情歌全集』（1）（2）（3）長田暁二（ドレミ楽譜出版社）

『日本大百科全書』（小学館）

池田小百合 なっとく童謡・唱歌

[http://www.ne.jp/asahi/sayuri/home/doyobook/doyostudy09.htm]

二木紘三のうた物語 [http://duarbo.air-nifty.com/]

イラスト●種田瑞子

Design and DTP ●村上佑佳［http://www.murakamiyuka.jp］

編曲／音源制作●湯川　徹

本文・音源：製作協力● ARS NOVA

高齢者10000人が選んだうたいたい歌

童謡・唱歌・わらべうた・民謡・外国の歌 【CD付き】

2014 年 6 月 10 日　第 1 刷発行

編著者●大石亜由美 ©

発行人●新沼光太郎

発行所●株式会社いかだ社

〒 102-0072　東京都千代田区飯田橋 2-4-10　加島ビル

Tel.03-3234-5365　Fax.03-3234-5308

E-mail：info@ikadasha.jp

ホームページ URL：http://www.ikadasha.jp/

振替：00130-2-572993

印刷・製本：株式会社ミツワ

乱丁・落丁の場合はお取り換えいたします。

ISBN978-4-87051-386-0